刑事訴訟法における学説と実務

——初学者のために

守屋克彦=編著

日本評論社

はじめに

　本書は、同じ題名の企画のもとに、2014年4月号から2015年10月号まで、法学セミナー誌上に17回にわたって連載された論稿を、単行本としてまとめたものである。単行本にまとめるに当たって各論稿の著者が補筆を行っているが、全体の流れは、当時のままである。

　従前の論文をこのような形で、単行本として出版することに、躊躇する思いがなかったわけではない。

　一つは、法学セミナー誌上の連載が終わってから約2年という短い期間しか経過してはいないが、この間、刑事訴訟法をめぐる状況には大きな動きがあったからである。

　まず、2016年5月の刑事訴訟法の一部改正である。「新時代の刑事司法」を標榜したこの改正は、裁判員裁判対象事件などに対する「取調べの全過程の録音録画」制度、あるいはいわゆる「司法取引」制度など、これまでの刑事訴訟法の枠を超えるような構想を示したまま、一部は実施に踏み切られ、残りも近い将来に施行されることになっている。

　さらに、昨年（2017年）3月15日、最高裁判所大法廷がGPS捜査の適法性に関して行った判決（最高裁判所刑事判例集71巻3号13頁）もその一つの例である。この判決は、被告人が複数の共犯者と共に犯したと疑われていた窃盗事件に関して、組織性の有無、程度や組織内における被告人の役割を含む犯行の全容を解明するための捜査の一環として、約6か月半の間、被告人、共犯者のほか、被告人の知人女性も使用する蓋然性があった自動車等合計19台に、同人らの承諾なく、かつ、令状を取得することなく、GPS端末を取り付けた上、その所在を検索して移動状況を把握するという方法によりGPS捜査を実施したという事件について、「車両に使用者らの承諾なく秘かにGPS端末を取り付けて位置情報を検索し把握する刑事手続上の捜査であるGPS捜査は、個人のプライバシーの侵害を可能とする機器をその所持品に秘かに装着することによって、合理的に推認される個人の意思に反してその私的領域に侵入する捜査手法であり、令状がなければ行うことができない強制の処分である。」と判示した。この判決は、刑事訴訟法の制定当時からは想定できなかったような、社会の都市化、個人の匿名化が進行する中で、

犯罪の広域化や態様の複雑化に対応する捜査の必要性からの情報収集手段の利用と、それによって侵害される個人のプライバシーとを対比し、やはりその中に、任意捜査としては許されない領域が厳然として存在することを指摘し、令状主義を原則とする司法的抑制が働くべき領域があることを明示した。この判決は、高度に発達した技術を利用した情報の伝達・収集の在り方に対して、頂門の一鉄ともいうべき衝撃を与えたものであり、今後の理論や実務に与える影響は大きいものと予想される。

　このように、法律の改正や重要な裁判例が登場していることを考えれば、少なくとも刑事訴訟法の解説を掲げる書物を目指す限り、簡単なものにしても解説を試みるのが、読者に対する礼儀であろう。しかし、本書の執筆陣には、現在その余裕がない。

　もう一つのためらいは、刑事訴訟法を学ぶ読者層が減ったのではないかということである。当初は、法科大学院で学ぶ若い学徒の副読本となればという構想であったが、その後法科大学院制度の失敗が明らかになり、多くの大学では法科大学院の廃止ないし募集の停止に踏切り、2017年度においては、法科大学院の志願者数が制度発足当初の約6分の1、入学者数も約3分の1に低落している現状であり、本書を刊行する需要が見込まれるかという懸念すら生じてきた。

　しかし、単行本として出版することについて、危惧や不安が拭いきれないという問題はあるけれども、雑誌の連載を行った以上、読者に後の参照ないし引用の便をはかっておくことが連載を企画した者の義務とも思えるし、刑事訴訟法の基本を学びたいと思う人は、法律家を目指すばかりでなく、裁判所事務官、検察事務官、あるいは警察官などにもおられるであろうと考え、あえて当初の企画のままで、単行本にすることに踏み切ることにした。

　編者として、このようなわがままに応じて、多忙の中、補筆してくださった執筆者の方々のご苦労に感謝するとともに、出版を了承して下さった日本評論社の串崎浩社長と法学セミナー編集部の柴田英輔さんに心から感謝申し上げる次第である。

2018年8月吉日

編者　守屋克彦

目次

目次

はじめに……守屋克彦　i

序章　刑事訴訟法における学説と実務——初学者のために　守屋克彦

1　はじめに　1
2　刑事訴訟法制定のころの「学説」と「実務」　2
3　実務に関する研究と判例実務　4
4　刑事訴訟法を学ぶために　7

第1章　強制処分の意義及び任意捜査の限界　青沼　潔
——判例の読み方活かし方の一例を踏まえて

1　はじめに——実務における判例　10
2　強制処分の意義について　11
3　宅配便荷物に対するエックス線検査の強制処分該当性について　12
4　昭和51年判例の更なる検討　13
5　以上を踏まえた平成21年判例の更なる検討　17
6　任意捜査の限界について　22

第2章　被疑者取調べ　青木孝之

1　刑訴法198条1項本文について　27
2　刑訴法198条1項但書について　29
3　在宅被疑者の取調べ　32
4　身柄拘束下の被疑者取調べ　35
5　可視化時代の被疑者取調べ　37

第3章　秘密録音・電話傍受　栗原　保

1　はじめに　40
2　電話傍受について　40
3　秘密録音について　42

第4章　別件逮捕・勾留と余罪取調べ　　有賀貞博

1　はじめに　49
2　別件による逮捕・勾留の適法性　50
3　別件逮捕・拘留中の本件取調べ　51
4　本件による逮捕・勾留の適法性　53

第5章　捜索差押許可状を巡る問題点　　虎井寧夫

1　捜索差押許可状発布実務の概要　55
2　捜索差押許可状を巡るいくつかの問題点　57

第6章　強制採尿に関する論点　　行方美和

1　はじめに　64
2　強制採尿の可否及びそのために必要な令状　65
3　錯乱状態に陥っている者に対する強制採尿の可否　68
4　強制採尿令状により採尿場所まで連行することの可否及びこれに関連する問題　69
5　その他の問題　73

第7章　接見交通に関する論点　　安原　浩

1　はじめに　74
2　論争の始まり　76
3　権利のための闘争の歴史　77
4　現時点の判例の到達点　78
5　今後の課題　80

第8章　訴因と公訴事実　　青木孝之

1　はじめに　82
2　旧法から現行法へ　84
3　審判対象論の展開と収束　86
4　現在の議論状況　91

第9章　訴因変更の要否の基準
――条文と学説と実務の関係を中心に　　國井恒志

1 はじめに　94
2 訴因制度と訴因変更　95
3 刑事手続における訴因変更の位置づけ　96
4 訴因変更の要否に関する実務の背景　99
5 訴因変更の要否に関する学説　99
6 訴因変更の要否に関する判例　101
7 平成13年決定　102
8 平成24年決定　104
9 まとめ　107

第10章　自白の任意性　　村山浩昭

1 自白とその任意性　109
2 任意性に疑いのある自白は証拠とされない（自白法則）　109
3 自白法則の根拠　110
4 裁判例とその検討　112
5 任意性の立証　117
6 その他の裁判例の紹介など　120

第11章　自白の信用性の判断基準　　石塚章夫

1 はじめに　124
2 自白の信用性が問題となった二つの事例　125
3 自白の信用性の判断基準について　130
4 取調べ過程の可視化について　132
5 皆さんに考えてほしいこと　132

第12章　伝聞証拠と非伝聞証拠の判断基準　　秋山 敬

1 時空間を超えて過去の事実を推測する　135
2 法廷に知覚内容を伝達するふたつのルート　136

- 3 公判供述に代えて証拠とすることの同意 138
- 4 公判供述と書面（の朗読）とは等価である 140
- 5 記憶の内容／表現の変質 142
- 6 紙媒体への記録による知覚情報の保存 144
- 7 犯行計画メモに関する裁判例 146
- 8 若干の考察 151
- 9 紙以外の媒体に記録された犯行計画 153

第13章 刑訴法326条に関する学説と実務　梶川匡志

- 1 はじめに 155
- 2 冒頭のやりとりの意味 156
- 3 同意の法的性質 158
- 4 まとめに代えて――同意書証を巡る最近の実務 163

第14章 違法収集証拠の証拠排除と判断基準　半田靖史

- 1 違法収集証拠排除法則の確立 166
- 2 排除法則の根拠と証拠排除の基準 167
- 3 具体例の検討 170
- 4 違法の承継論と毒樹の果実論 174
- 5 GPS捜査と排除法則 179
- 6 その他の論点 181

第15章 一事不再理の効力　守屋克彦

- 1 はじめに 182
- 2 少年法における一事不再理をめぐる問題 183
- 3 常習一罪と一事不再理効の及ぶ範囲について 186
- 4 終わりに 196

事項索引 197
判例索引 199

凡例

[法令]

＊法令の略称は、以下のとおりとする。

憲法　　　　日本国憲法
刑訴法　　　刑事訴訟法
刑訴規　　　刑事訴訟法規則

[判例・裁判例]

＊判例と裁判例は、学習者の便宜を考えて元号表記にしたほか、一般の例にならい以下のように略記した。

例：最大判平29・3・15刑集71巻3号13頁

※漢数字は最高裁判所の小法廷を指す。「大」は大法廷を指す。

※元号：明＝明治、大＝大正、昭＝昭和、平＝平成。

※裁判所名、掲載判例集は、以下のように略記した。

最判（決）　　　最高裁判所判決（決定）
高判（決）　　　高等裁判所判決（決定）
地判（決）　　　地方裁判所判決（決定）
刑集　　　　　　最高裁判所刑事判例集
民集　　　　　　最高裁判所民事判例集
集刑　　　　　　最高裁判所裁判集刑事編
集民　　　　　　最高裁判所裁判集民事編
高刑速　　　　　高等裁判所刑事裁判速報集
東高刑時報　　　東京高等裁判所判決時報（刑事）
下刑　　　　　　下級裁判所刑事裁判例集
刑月　　　　　　刑事裁判月報
判時　　　　　　判例時報
判タ　　　　　　判例タイムズ

[文献]

＊文献の略記等は、以下のとおりとする。

ジュリ　　　　　　　　ジュリスト
法教　　　　　　　　　法学教室
法時　　　　　　　　　法律時報
法セミ　　　　　　　　法学セミナー
論ジュリ　　　　　　　論究ジュリスト
判例百選〔第6版〕　　　松尾浩也・井上正仁編『刑事訴訟法判例百選〔第6版〕』（有斐閣、1992年）
判例百選〔第7版〕　　　松尾浩也・井上正仁編『刑事訴訟法判例百選〔第7版〕』（有斐閣、1998年）
判例百選〔第8版〕　　　井上正仁編『刑事訴訟法判例百選〔第8版〕』（有斐閣、2005年）
判例百選〔第9版〕　　　井上正仁・大澤裕・川出敏裕編『刑事訴訟法判例百選〔第9版〕』（有斐閣、2011年）
判例百選〔第10版〕　　 井上正仁・大澤裕・川出敏裕編『刑事訴訟法判例百選〔第10版〕』（有斐閣、2017年）
最判解○年度　　　　　『最高裁判所判例解説刑事篇昭和／平成○年度』（法曹会）
○年度重要判例解説　　『昭和／平成○年度重要判例解説（ジュリスト臨時増刊）』（有斐閣）

序章

刑事訴訟法における学説と実務
―― 初学者のために

守屋克彦　弁護士

1　はじめに

　私は、1961年に裁判官になり、主に刑事裁判や少年審判に携わり、1999年に定年で退職した。その後、大学教育にかかわるようになり、法学部の講義を担当した後、2004年から2011年まで、法科大学院で刑事訴訟法・刑事裁判実務の授業を担当した。
　今回、法律雑誌の編集者から、刑事訴訟法に関する解説記事を載せていると、読者から、「学説はともかく実務を知りたい」という意見がよく寄せられるので、実務家の経験から刑事訴訟法の解説を行うシリーズを試みたいという相談を受けた。それで、従来からの知己を頼って、裁判官として刑事裁判を担当したことがある弁護士・研究者や、現在実際に刑事裁判に携わっている裁判官に分担をお願いして、刑事訴訟法のいくつかの論点について、現在の裁判実務の立場を踏まえた解説を試みてみようという企画を立てることにした。
　読者層としては、とりあえず、司法試験を目指して法律を学ぶ学生や刑事裁判に関する問題に関心の高い市民の方々を想定している。そして、刑事訴訟法を学習する上で、しばしば問題として登場する主要な論点をいくつか選び出し、学説と判例との対立点や審級による判断の違いなどをテーマとして、それらに含まれる問題点をなるべく正確に浮き彫りにすることに努めて解説をすることにしたいと考えた。刑事訴訟法を学ぶ者が、与えられたケースの分析や法の適用に臨むに際して、事案の内容を正確に把握し、具体的に妥当

な結論を導き出すための思考方法を身につけることにより、刑事訴訟法に対する理解を深め、また興味をもたれることに役に立てばと考えたからである。

2 刑事訴訟法制定のころの「学説」と「実務」

　私が法律学を学び始めたのは、1955年ころ（刑事訴訟法の制定は1948年、施行は1949年）であるから、半世紀以上も前のことになる。それから今日までを振り返ってみると、一口に刑事訴訟法の「学説」と「実務」といっても、両者の関係は、大きく様変わりしてきたように感じる。

　私が学んだ当時の東北大学法学部には、司法試験委員でもあった木村亀二（刑法）、柳瀬良幹（行政法）、中川善之助（民法）、清宮四郎（憲法）先生など、当時としては、全国的にも有名な、そうそうたる顔ぶれが揃っていた。これらの先生は、「判例何するものぞ」として自説を展開される方がほとんどであり、自分の説と異なる趣旨の判例は、むしろ判例の方が誤りであるという調子の授業を行っておられ、中には、「判例は読むに値しない」などと広言される先生までおられた。例えば、刑法の木村亀二先生は、当時の刑法研究者の多くと同じように共謀共同正犯の成立を否定する立場をとられていた[1]。刑法60条が「二人以上共同して犯罪を実行した者」と定めている以上、共同正犯が成立するためには、共同加功の意思とともに実行行為についての分担が必要であるということであり、実行行為の分担を伴わない共謀共同正犯の成立を認めることは、個人責任の原則に反し、正犯、教唆犯、従犯の区別をないがしろにするので許されないという意見であって、この意見は、1958年のいわゆる練馬事件[2]において最高裁判所の判例が確定した後まで、述べられていた[3]。

　私は、その影響を受け、木村説が正しいと考えるようになっていたので、司法試験に合格した後、司法研修所の前期修習中、練馬事件などを素材とした授業の中で、共謀共同正犯の成立を認めた最高裁判決は誤りであるという意見を堂々と述べて、周囲の同僚の鼻を白ませたが、「それでは実務は通ら

　　1）木村亀二『新刑法読本』（法文社、1950年）282頁。
　　2）最大判昭33・5・28刑集12巻8号1718頁。
　　3）木村亀二「学説と判例」判時532号（1968年）1頁。

ないよ」という批判を受けて、法律の実務家として仕事をする上での判例の重さを感じ取らされた。そして、裁判官になった後は、一方で共謀共同正犯の成立に消極的な学説があることを意識しながらも、共謀共同正犯の成立を認める判例を前提として、「共謀」は、共謀共同正犯の「罪となるべき事実」であるから厳格な証明が必要であるとか、共謀の判示は、謀議の行われた日時、場所またはその内容の詳細、すなわち実行の方法、各人の行為の分担役割等についてまでいちいち具体的に判示することは必要でない、などとした前記練馬事件の判例の趣旨を考えながら、共謀の成立を厳格に認定するように努めて実務に臨むことをしてきた。東北大学出身で法律家になった友人は、多かれ少なかれ同じような体験をしていて、今でも回顧談の際には笑い話の種になっている。

　また、当時は、刑事訴訟法の講義は、団藤重光や小野清一郎などのように刑法と刑事訴訟法を兼任されておられる先生方が多く、私が教えを受けた鴨良弼先生が裁判官の経歴を持ち、しかも刑事訴訟法専任の助教授として赴任しておられるというのは珍しい例であった。当時は、鴨先生のように、実務の経験のある研究者は、まだ少なかったのである。そして当時の刑事訴訟法学の主要なテーマは、ドイツ法学の影響を強く残す方法論に向けられていた。刑事訴訟法が、ドイツの職権主義に基づいた大正刑事訴訟法から、戦後、英米法の要素を取り込んだ当事者主義的な構造に変わり、複雑な構成となったこともあって、刑事訴訟法の総論部分や英米の証拠法の紹介に関するような研究が多かったように思われる。鴨先生も、団藤重光先生がドイツのザウワーの理論を踏まえて、訴訟手続を実体形成過程と手続形成過程に二分して構成していたことに、更に当事者の利益遂行過程という視点を加えた「訴訟対象論」[4]を構想中であったために、講義のほとんどの時間がそれに割かれ、実際の裁判手続、特に捜査などは、最後に一通り説明されたくらいで、詳しく触れられることはなかったような印象が残っている。ちなみに、戦前の教科書である小野清一郎「刑事訴訟法講義」[5]、団藤重光「刑事訴訟法綱要」[6]は、旧刑事訴訟法が、予審制度を取り入れた職権主義的な構造であったこともあ

---

4) 鴨良弼『訴訟対象論序説』（有斐閣、1956年）。
5) 小野清一郎『刑事訴訟法講義（全）』（有斐閣、1937年）。
6) 団藤重光『刑事訴訟法綱要』（弘文堂書房、1943年）。

って、もっぱら公判手続の解説しかも総論部分の解説が主であり、捜査特に検事・司法警察員の捜査については、わずかなページしか割かれておらず、それもほとんど条文の列挙にとどまっている。そして、このような体裁は、私が学んだ当時の教科書にも、多くはそのまま引き継がれていた。このように、刑事訴訟法が制定されて間もなくの私らが学んだ時代は、刑事訴訟法の運用の実情、特に捜査などは、文字通りの実務・仕事として扱われ、学問的な研究から遠いものとみる学風がまだ続いていたといえるように思う。

3 実務に関する研究と判例実務

　しかし、私が裁判官になってまもなく、1963年に、松川事件が、2度目の上告審判決[7]で、全員無罪が確定するなど、刑事裁判のあり方が社会的な関心を呼ぶと同時に、学問的な関心をも集めるようになって、刑事訴訟法を専門領域とする研究者が次第に増加するようになった。しかも、その中には、実際の実務には就かないまでも、司法試験に合格し、司法研修所の修習の経験を持つ人々が増えるようになった[8]。そのようなこともあって、刑事訴訟法学の研究領域も、従来の総論部分や方法論に関する理論的な研究にとどまることなく、手続の運用や事実認定を含む刑事裁判及び捜査の全領域に拡がるようになっていった。このような拡がりについては、従来研究者があまり手をつけていなかった捜査の領域について、平野龍一先生が1958年に出された著書「刑事訴訟法」[9]の中で、捜査を公判の準備段階と位置づけ、被疑者の取調べを目的とした従来の糾問的捜査観に対して弾劾的捜査観を提唱され、その後田宮裕先生などに受け継がれていった、捜査に関する方法論の変化が与えた影響が大きいと思われる。それに加えて、鴨先生が1957年に、雑誌「思想」に、松川事件に触れながら「訴訟における事実の認定について——誤判の危険性」[10]を書かれたのを嚆矢として、1974年には、小田中聰樹、庭山英雄、

---

7) 最一小判昭38・9・12刑集17巻7号661頁。
8) 私が知る限りでも、小田中聰樹、村井敏邦、後藤昭、白取祐司といった刑事訴訟法学を代表する研究者は、司法修習を経験しておられる。
9) 平野龍一『刑事訴訟法』(有斐閣、1958年) 83頁以下。
10) 鴨良弼「訴訟における事実の認定について——誤判の危険性」思想402号 (1957年) 14頁以下。

光藤景皎の各氏が中心となって多数の研究者を集合した再審事件の研究会が組織され、その成果が公表される[11]など、刑事訴訟の運営や判決内容しかも事実認定にまで踏み込んだ研究が行われるようになった。このような研究の興隆の結果として、当然に裁判例の検討も活発になり、めぼしい裁判例については、数多くの判例批評の文献が蓄積されるようになった。

このような研究とその間の実務の積み重ねの中で、我が国の刑事司法の運用については二つの見方が対立してきた。一つは、精密司法論すなわち、①民衆参加の排除、②検察官の捜査関与と確信ある起訴、③検察官の訴追裁量権の積極的運用、④身柄拘束下の被疑者の取調べの適正かつ最大限の活用、⑤検察官の権限・活動の対弁護人優越性、⑥同意書面の大量利用、⑦複雑困難な事件の訴訟遅延、⑧有罪率の高さなど、現実に行われている運用を積極的に評価する立場である。それに対して、一方には、①捜査手続とりわけ被疑者取調べの糾問性・人権侵害性、②起訴手続の裁量性・恣意性、③公判手続の調書依存性、④誤判の顕在化などにおいて不十分な点があり、制度の病理的な現象が現れているという面を強調する立場がある[12]。そして、誤解を恐れずにいえば、精密司法論は、裁判官、検察官等の実務家と、それを支持する研究者から積極的な評価を受け、後者の批判は、弁護人サイドや被疑者・被告人の人権に重きを置くことを志向する研究者によって提唱・支持されてきたと観測できよう。刑事裁判は、真実を追求し、刑罰権を実現しようとして積極的実体真実主義に立つ訴追官及び捜査官サイドと、権力の適用を受ける側に立って国民の基本的権利を守り、「疑わしきは罰せず」の消極的実体真実主義を主張する被告人・弁護人サイドとのいわば対立抗争の場であるから、双方の主張の間に簡単に解決し難い溝が存在することは否定しがたい。この溝を埋めるための手続を定めているのが刑事訴訟法ということである。国家と国民との関係を規律するのが法であるとすれば、刑事訴訟法は、もっとも法律らしい法律であるといえる。その手続において、検察官と被告人・弁護人の双方に対して公正・公平な判断者として具体的に法を適用するのが裁判官であるとすれば、そのような現象を学問的な視点から客観的に観察し、

---

11) 鴨良弼編『刑事再審の研究』(成文堂、1980年)あとがき参照。
12) 拙稿「公平な裁判について——鴨良弼教授の業績から考える」法時69巻9号(1997年)18頁参照。

法的な観点からの意見を述べるのが研究者であるといえるであろう。このようにみれば、いわゆる学説と実務の乖離としていわれる現象は、研究者サイドから見れば、公正・公平であるべき裁判官あるいは裁判所の判断が、どちらかといえば検察官サイドに傾いているのではないかという批判であり、裁判官サイドからいえば、一部の研究者のそのような見解が誤りであるとする相互不信の状態と観察することができるように思われる。後藤昭教授は、実務家の側からは「学説は役に立たない」、「学説は実務とかけ離れている」などという不満が述べられ、研究者の側からは、「実務は学説を無視している」とか、「実務家には反省がない」などという批判が述べられるという状況を、詳細・的確に分析しておられる[13]が、そこで実務側として刑事裁判官の意見[14]が引用されていることが、乖離といわれることの実体を巧まずして言い当てられているように思える。

　もっとも、この後藤論文が書かれた時点から見ると、そのころに始まった司法制度改革の所産として、裁判員裁判が実行に移され、また、法科大学院における実務教育の制度が行われるようになったという点で、刑事司法のあり方にも大きな影響を及ぼす状況の変化があった。裁判員裁判は、これまでの専門家のみによる精密司法からみれば、およそ対極にあるというべき非専門家の市民による裁判の形を、一部ではあっても導入したし、法科大学院は、カリキュラムに法律実務の基礎の習得を盛り込むことによって、正規のスタッフの中に、研究者教員とともに実務家教員をも組み込むようになったから、少なくとも法律学を学ぶ者にとっては、学説及び実務のいずれにも接することができる機会が増えることになり、教員の間でも、相互理解が幾分か進むかもしれない。この意味では、現在は、学説と実務の乖離が幾分かは埋める方向に進むのではないかという期待を持たせ、学説と実務のあるべき緊張関係が模索されつつある時代といえるのかもしれない[15]。

---

13) 後藤昭「刑事訴訟における学説と実務」法教280号（2004年）21頁以下。
14) 小林充「刑事訴訟法学と実務」松尾浩也・井上正仁編『刑事訴訟法の争点〔第3版〕』（有斐閣、2002年）12頁以下。
15) 白取祐司「刑事手続法分野における実務と学説」法時79巻1号（2007年）52頁以下。

4　刑事訴訟法を学ぶために

　始めにもどって、再び刑事訴訟法を学び始めた人の「学説はともかく実務を知りたい」という意見の中身を考えると、その意見が研究者の教員に向けられていることや従来の学説と実務との乖離といわれる現象からみて、被告人・弁護人サイドからの批判とは別に、法を適用している側の検察官あるいは裁判官の論理を知りたいという気持ちの表れとも受け取られるが、もっと手近なところで、判例や実務の運用に対する批判的な考えを聞かされても、その批判を、実際に事案の解明のための手法にどう組み込んで法の適用に臨むのかという視点を確立できないという悩みを物語っているように思われる。平たく言えば「批判は批判として、それではどうするのか」という悩みといえるのではあるまいか。

　このような悩みは、司法試験の出題に見られるように、今日では、法律学の知識が、もっぱら、具体的な事例を取り上げて、その中の捜査あるいは公判において生じる刑事手続法上の問題点の解決に必要な法解釈・法適用を明らかにするという形式が取られていることにも関連するように思われる。そこでは、刑事訴訟法学の方法論や概念の正確な知識、論述の整合性などが抽象的な次元で問われているのではなく、設例の中から、重要な具体的事実を抽出・分析した上で、これに的確な法解釈により導かれた法準則を適用し、一定の結論を筋道立てて説得的に論述するという、法律実務家になるための学識・法解釈適用能力・論理的思考力・論述能力等が試されているからである。したがって、第三者的な批判的視点はともかく、実際に、法を運用ないし適用している実務の立場を知れば、問題点の把握も、より容易になるのではないかという感じを抱くのも無理からぬところがある。司法試験や予備試験に、毎回のように出題されている逮捕・勾留や捜索・差押えなどの領域は、紙上で観念的に議論するよりも、一旦捜査現場を経験するほうがより理解が早いのではないかということを、私自身も考えるからである。

　しかし、だからといって、実務の方針という万能のマニュアルがあるわけではない。また、当然のことであるが、法律学の理解・適用の仕方として、学問から離れた体系があるわけではない。例えば、「経験を重ねた裁判官の個別的問題に対する結論は、いわば直感的に得られるのであって、甲説・乙説を検討して結論を出すというようなものではない。」[16)]といわれるようなこ

とがあるが、それは、「経験を重ねた」と断りがなされているように、常に異なる事件を取り扱い、事案ごとに、事実を認定した上で、事実に即した法令の適用を行うことに慣れるまで作業を繰り返して来たことから身についた思考方法の表現なのである。人間の思考とは、思考対象のさまざまな要素についての情報内容を、思考者の持っている関連知識や関連情報と比べてみて、要素ごとに「同じ」と「違う」に分けている作業であり、この思考作業を経て、思考対象を構成する要素が、「同じ」と「違う」に正しく分け尽くされた状態にたどり着く過程が、「分かる＝判る＝解る」ということであるといわれる[17]。この表現は、常に個別性を持った多様な事案に対処している裁判官を含む実務家の思考方法にも当てはまるように思われる。事案を正しく取り扱うためには、まず、法律の適用対象となる事実を正確に認定することが第一であり、その上で、その事実の解明に必要な法律の条文、関連判例に関する知識を動員し、事案に当てはまる法解釈を選択し、法を適用していくと思考過程がたどられることになる。ただし、実務においては、有罪か無罪かはもちろんとして、法の適用の前提となる事実を正しく認定することが始めにして終わりとさえいえる大問題であることが多いのに対して、法律学の試験では、通常の場合、事実があらかじめ争いのないものとして与えられており、もっぱら法律学の知識がテストされるという違いがあるだけである。2013年度の司法試験の論文式試験の採点に関する感想は、「事例に現れた法的な問題点を明確に意識し、制度趣旨や判例法理の理解を踏まえつつ、それぞれの問題点ごとに法解釈を的確に論じた上で、事例中の具体的事実を適切に抽出し、それら事実の持つ意味に従って的確に分析・整理して法解釈を適用し結論を導（く）」[18]ことを良い答案の例としているが、これらは、判決を書く裁判官のみならず、法律実務家が常に踏襲している思考方法と同じことなのである。「日常の事件処理を課題とし、具体的妥当性を重んずる実務」[19]といっても、きちんとした法解釈の上になされるのでなければ、法律抜きの政治論に過ぎないことになってしまう。和解という紛争解決手段を持つ私的

---

16) 小林・前掲注14) 12頁。
17) 波頭亮『思考・論理・分析』（産業能率大学出版部、2004年）23頁。
18) 平成25年司法試験の採点実感等に関する意見（http://www.moj.go.jp/content/000122708.pdf）。
19) 小林・前掲注14) 13頁。

紛争と違って、刑事裁判は、国家権力と国民との対決の場であり、それを規律しようとするのが刑事訴訟法であるから、どんなに妥当な結論であっても、それが刑事訴訟法を含む法令の解釈によって確立されるルールによるものでなければ、裁判では通用しない。

したがって、法律を学ぶものとしては、まず、①事例解決に適切な条文を見つけ出し、②その条文から適切なルールを導き出し、③そのルールを適用した結果として結論を導くという基本的な法解釈技術を身につける必要がある[20]といわれるのである。このような指摘を見ても、刑事訴訟法の学習の上では、事案の解決のために必要な法律的な思考のために、法律の条文はもとより、判例や学説を正確に整理して、関連知識や関連情報として整理しておくことが特に必要であるといえる。

本書が、裁判官の経験に裏打ちされた視点を意識した判例の学び方を取り上げることによって、刑事訴訟法を学ぼうとする人々に、事案の処理のために必要な思考方法をいくらかでも涵養するのに役立つものであればと願っている。

---

[20] 山下純司ほか『法解釈入門』（有斐閣、2013 年）61 頁参照。

第1章

強制処分の意義及び任意捜査の限界
――判例の読み方活かし方の一例を踏まえて

青沼 潔　横浜地方裁判所部総括判事

1　はじめに――実務における判例[1]

　本稿は主に初学者の皆さんを対象にしているが、いきなり判例の重要性といってもピンと来ないかもしれない（なお、「判例」の定義については様々な見解があるが、本稿では「実務の先例となる裁判所の判断」と広義に解している）。実際、司法修習生や実務家になり現実の裁判に臨んで初めて、判例が実務を「支配」していることを実感するというのが大半であろう。当然ながら判例に従うのは、直接的には裁判官である。しかし、検察官や弁護人も、裁判官に対して自己の期待する判断を求める以上、裁判官の判断基準を前提に訴訟活動をせざるを得ない。したがって、裁判官のみならず検察官や弁護人も判例を尊重せざるを得ない。判例が実務を「支配」するというのはそういう趣旨である。他方、実務家が判例を正しく解釈し適用するためには学説の検討が不可欠であり、その役割が大きいことは言うまでもない（後記参照）。
　では、実務では、どのように判例が読まれ活かされているのであろうか。以下、筆者の個人的見解ではあるが、一つの例として見て欲しい。

---

1) 判例に関する実務的な基本文献として、中野次雄編『判例とその読み方〔三訂版〕』（有斐閣、2009年）、中村治朗「判例について」司法研修所論集58号（1977年）1頁を参照。判例に関する本稿の言及も前掲中野論文によるところが大きい。

2　強制処分の意義について

[1]　捜査を規制する基本原理

　刑訴法197条1項は、「捜査については、その目的を達するため必要な取調をすることができる。但し、強制の処分は、この法律に特別の定のある場合でなければ、これをすることができない。」と規定する。

　「強制の処分」（強制処分）は、関係者の人権に種々の制約を課すものであるから、国民の代表機関である国会（立法権）が規定する「法律」に「特別の定」がある場合に限り許されるとした（強制処分法定主義）。さらに、法律の規定があっても、捜査機関は、個別の事件について事前に裁判所（司法権）が令状を審査し、そのチェックを通った強制処分のみを行使することができる（令状主義）。

[2]　強制処分の意義が問題になるパターン

　したがって、令状に基づかない強制処分を用いた捜査は違法となる（刑訴法220条等の例外を除く）。実際の裁判では、弁護人から、そのような強制処分が用いられたとして捜査の違法が主張されるというパターンをたどる。そこでは強制処分の意義が問題となるが、この点を明らかにした条文等はない。したがって、裁判官は、①その意義を解釈した上で、②当該事案に当てはめて結論を出すことになるが、ここで判断の基準となりそうな判例を検討する必要が生じる。

[3]　強制処分の意義に関する先例的な判例

　まず、先例的判例である最三小決昭51・3・16刑集30巻2号187頁[2]（以下「昭和51年判例」という）を検討する必要がある。

　上記判例は、強制処分とは、有形力の行使を伴う手段を意味するものではなく、①個人の意思を制圧し、②身体、住居、財産等に制約を加えて、③強制的に捜査目的を実現する行為など、④特別の根拠規定がなければ許容することが相当でない手段であるとして、その意義を明らかにした（以下「本件基準」という）。

　2）　判例百選〔第9版〕1事件〔大澤裕〕。

みなさんの中には、本件基準で強制処分に関する問題は解決されたと思った方はいないだろうか（正直言って、筆者が初学者の頃はそのように思った）。しかし、その後も、従来検討されたことがない新たな捜査手法について強制処分性が争われる事例が見られる。このような事例も、本件基準によれば容易に解決できるのであろうか。具体的事案をもとに検討する。

3 宅配便荷物に対するエックス線検査の強制処分該当性について

[1] 事案の概要

警察官らは、以前から覚せい剤密売の嫌疑でT社に対する内偵捜査を進めていたが、暴力団関係者から宅配便で仕入れている疑いが生じた。そこで、宅配業者の営業所に確認したところ、T社事務所に短期間に多数の荷物が届けられ、配送伝票に不審な記載があること等が判明した。警察官らは、不審な荷物の内容を調査するため、営業所長の承諾を得て、約2か月間に5回、宅配便荷物を借り受けて税関内でエックス線検査を行った（以下「本件エックス線検査」という）。その結果、細かい固形物が均等に詰められた長方形の袋の射影が観察された。本件エックス線検査の際、荷送人・荷受人の承諾は得ておらず、検査後、各宅配便はT社事務所に配達された。

弁護人は、①令状に基づかず、荷送人及び荷受人の承諾を得ないまま実施された本件エックス線検査は違法である、②本罪（覚せい剤譲受けを業とした麻薬特例法違反罪）の事実認定に用いられた本件覚せい剤等は、同検査による射影の写真に基づき取得された捜索差押許可状により得られたものであるから、違法収集証拠として排除されるべきである、などと主張した。

第一審は、本件エックス線検査は強制処分には当たらないとの判断を示した（第二審もほぼ同趣旨）。

[2] 本件基準の形式的な当てはめ

本件エックス線検査に昭和51年判例が示した本件基準を形式的に当てはめてみる。ごく素直に考えると、上記検査が、①個人の意思を制圧するとも、②身体、住居、財産等に制約を加えるとも考えられない。そうすると、一、二審のとおり、本件エックス線検査は強制処分には当たらないのではないか。しかし、最高裁は正反対の判断を示した（最三小決平21・9・28刑集63巻7

号 868 頁。以下「平成 21 年判例」という）[3]。では、何故そのような結論になったのか。ここで、昭和 51 年判例が示した本件基準の意義を更に検討する必要が生じる。

4　昭和51年判例の更なる検討

[1] 裁判理由の検討
（i）裁判理由を読むことの重要性

　本件基準は、最高裁刑事判例集（刑集）の決定「要旨」の部分に記載されている。この「要旨」は、ゴシック体で記載されており、判例自体と誤解されやすい。しかし、要旨は、判例検索には役立つが判例自体ではない。判例は裁判理由の中にあり、その中から読む人（裁判官）自身の頭で読み取ったものが判例である[4]。すなわち、裁判官は単に外部から判例に拘束されるという受け身の存在に止まるものではなく、主体的に判例を解釈して自らの判断とするのであり、そうして内面化されたものが真の判例といえる。判例解釈において、裁判官は極めて主体的な存在といえる[5]。

　なお、判例を読む際には、法的判断等が示された部分のみならず、判断の前提となった事実関係を十分踏まえる必要がある。そこで、昭和 51 年判例の裁判理由を事実関係も踏まえて見てみよう。

（ii）昭和 51 年判例の理由部分
ア　事実関係

　A 被告人は、当日午前 4 時 10 分頃、酒酔運転の上物損事故を起こした。間もなく現場に到着した警察官らから、運転免許証の提示とアルコール呼気検査（風船への息の吹き込み）を求められた。しかし、A が拒否したことから、警察官らは A を道路交通法違反の嫌疑で取り調べるため警察署に任意同行した。A は、署内で取調べを受け、呼気検査については警察官から再三説得されても応じず、その後来署した父親の説得にも従わなかった。しかし、

3）判例百選〔第 9 版〕33 事件〔井上正仁〕。
4）中野・前掲注 1）30-31 頁。
5）裁判官の主体性を強調する見解として、団藤重光「裁判官の良心」団藤重光・斎藤寿郎監修『中野次雄判事還暦祝賀／刑事裁判の課題』（有斐閣、1972 年）1 頁。

Aは母親が来れば警察の指示に従うと述べたので、警察官は、Aに対する説得を続けながら母の到着を待っていた。すると、午前6時頃、Aは、マッチの借用を申し出て断られたことから、「マッチ取ってくる」と言いながら急に椅子から立ち上がり、取調室の出入口の方へ小走りで行きかけた。警察官Pは、Aが逃げるのではないかと思い、その左斜め前に近寄り、「風船をやってからでいいではないか」と言って両手でAの左手首を掴んだ。これに対し、Aは、すぐさま警察官Pの両手を振り払い、Pの制服の襟首等を掴んで引っ張り、肩賞を引きちぎった上、拳でPの顔面を一発殴打したため、Aは公務執行妨害罪で現行犯逮捕された。

第一審は、警察官Pの本件制止行為（前記下線部〔筆者によるもの〕の行為）について、強制力の行使であって違法であり、Aにとっては急迫不正の侵害に当たるから、正当防衛が成立し公務執行妨害罪については無罪であると判断した。しかし、第二審は、原判決を破棄し、Pの制止行為は違法ではなく、公務執行妨害罪が成立すると判断した。

イ　最高裁の判断

これに対して、最高裁は、強制手段の意義について本件基準を示した上、本件制止行為は、①呼気検査に応じるよう被告人を説得するために行われたものであり、②その程度もさほど強いものではないというのであるから、③これをもって性質上当然に逮捕その他の強制手段にあたるものと判断することはできない、との判断を示し強制処分該当性を否定した。

その上で、「強制手段に当たらない有形力の行使であっても、……状況のいかんを問わず常に許容されるものと解するのは相当でなく、必要性、緊急性なども考慮したうえ、具体的状況のもとで相当と認められる限度において許容されるものと解すべきである。」として、（有形力の行使を伴う）任意捜査が適法とされる要件（限界）についても判断を示し、結論的に本件制止行為は任意捜査としても適法であるとした。

(iii)　検討

まず、昭和51年判例の下級審判決も併せて見てみる（最高裁判例集には、下級審の判決全文と上告趣意書が資料として添付されている。当該事案の具体的な争点や事実関係が明らかになる重要な資料であり、併せて読むことで判例に対

する理解が一層深まる)。

　下級審での争点は、本件制止行為が、その「目的」や「程度」から実質上逮捕と評価できるか否かという点にあった。そして、第一審は、本件制止行為は、職務の執行として行われたものの、任意捜査の限界をこえ、実質上逮捕と同様の効果を得ようとする強制力の行使であって違法であると判断しており、有形力が行使されたことを重視したと思われる。第二審は、強制処分該当性を否定したが、その際、捜査の必要性と手段の相当性等の利益考量による判断手法を取っており、性質上当然に強制手段に当たるかという最高裁の判断手法とは異なるものであった。

　以上を踏まえると、昭和51年判例は、強制処分該当性を否定する際、本件基準に全く言及せず同基準を事案に当てはめることもしていない。したがって、理由部分だけでは本件基準の具体的な意義、内容は明らかにならない。しかし、一方で、上記判例は、下級審における争点に即して、本件制止行為の(a)「目的」と「程度」を検討した上で、(b)「性質上当然に」逮捕(当該事案で問題となる類型の強制処分の「性質上」という趣旨であり、本件では逮捕がそれに当たる)に該当するか否かを検討し強制処分該当性を否定したと解される(以下、これらの判断手法をそれぞれ(a)「目的程度基準」、(b)「類型的基準」という)。以上の基準は、当該行為の目的が説得であれば、権利侵害の程度は軽くなる一方、当然ながら、目的が逮捕なら権利侵害の程度も重くなるという関連性を前提にしたものといえる。このように、昭和51年判例の理由を読むと、本件基準とは別の基準も併せて用いられていることが分かる。裁判実務では、このような基準を判例から抽出することが有用な場合も少なくない。

　次に、最高裁調査官の判例解説を見てみる。同解説では、本件基準の位置づけに関して、「具体的事例の解決を超えた重要な先例的価値を有し、かつ、職務質問、所持品検査などの行政手段の許容基準についても示唆するところが大きいと考えられる」とされている[6](ちなみに、昭和29年度以降の最高裁判例集登載の判例については、裁判官である調査官が判例解説を書いている。調査官の個人的見解にとどまるから、これを判例であると誤解してはならないが、実際の事件を調査した裁判官が執筆しているから、実務家が判例を検討する際の

---

　6)　最判解昭和51年度68-69頁。

必読文献といえる）。

　以上のとおり、本件基準が高い一般性・規範性を有するとすれば、一層、その具体的な意味内容を明らかにする必要性は高い。この点で重要な役割を果たすのが学説である。

(iv)　強制処分の意義に関する学説
ア　学説の展開
　【A説】学説は、当初、主に、物理的な強制力を加える場合等を強制処分と解していた[7]（昭和51年判例の第一審も同説によるものと思われる）。この見解によれば、盗聴、通信傍受等の新しい捜査方法は、物理的な強制力を伴わないため強制処分に含まれなくなる。そうすると、無令状で行えることになり、プライバシー等の人権侵害のおそれがあるため、強制か任意かを物理的な強制力（有形力）の有無で区別することは相当でないという批判が生じる。
　【B説】そこで、有形力の有無を問わず、広く、同意を得ずに個人の法益を侵犯する場合を強制処分と解する説が登場する[8]。しかし、捜査は性質上多かれ少なかれ関係者の権利等を制約するものである。B説によると、大部分の捜査方法が強制処分に該当してしまい、捜査による真実発見の要請（刑訴法1条）に反することになる。
　【C説】そこで、さらに、強制処分とは重要な利益の侵害がある場合であると解する説が有力となる[9]。

イ　本件基準の解釈に関する代表的学説
　このような学説の展開に即して、強制処分の意義に関する本件基準の意義を解釈によって明らかにしようとする学説が展開されてきた[10]。
　一般に、本件基準のうち実質的な意味を有するのは、①個人の意思を制圧

---

[7]　平野龍一『刑事訴訟法』（有斐閣、1958年）82頁。
[8]　田宮裕『刑事訴訟法〔新版〕』（有斐閣、1996年）71頁。
[9]　田口守一『刑事訴訟法〔第7版〕』（弘文堂、2017年）43頁等。
[10]　井上正仁「強制捜査と任意捜査の区別」井上正仁・酒巻匡編『刑事訴訟法の争点』（有斐閣、2013年）54頁、川出敏裕「任意捜査の限界」『小林充先生佐藤文哉先生古希祝賀刑事裁判論集（下巻）』（判例タイムズ社、2006年）23頁、同・警察学論集66巻10号（2013年）92頁、古江頼隆『事例演習刑事訴訟法』（有斐閣、2011年）12頁等。

し②身体、住居、財産等に制約を加えるという2点であると解されている。そして、代表的学説（井上説）は、要件②について、強制処分法定主義や令状主義による厳格な規制に見合うだけの「重要な」権利・利益を制約する場合と解し、要件②を最も重視する。その上で、相手方の承諾があれば権利・利益の制約は問題にならないから、要件①は、②の当然の帰結であり、「個人の意思に反すること」と解する。この説は、前記の学説の展開や、捜査機関による人権侵害を防ぐという強制処分法定主義の趣旨からも、本件基準について理論的で説得力を備えた解釈を提示するものといえよう。

ウ 学説と裁判実務の関係

以上のとおり、裁判理由のみでは判例（本件基準）の趣旨が明らかにならない場合、学説による判例解釈は重要な意義を有する。

このような形で、学説は裁判実務に影響を与える。一方、裁判実務は、学説に対して、個々の事件に対する判断を通じて学理的研究の素材を提供し、その発展を期待する。裁判は、法学者をも含めた法律家全体の共同事業であるという指摘[11]は、このような両者のあるべき相互関係を示すものといえる。

5 以上を踏まえた平成21年判例の更なる検討

[1] 本件基準の各要件への当てはめ

代表的学説によれば、本件基準は、①相手方の意思に反し、②その重要な権利・利益を制約する処分をもって強制処分とする趣旨と解される。そこで、この①②の各要件を平成21年事案に当てはめてみる。まず、前記のとおり、本件エックス線検査の際、プライバシー侵害が問題となる荷送人及び荷受人の承諾はない。したがって、「意思に反して」という要件①は満たされる。問題は、要件②である。平成21年判例を更に読み込んでみよう。

[2] 最高裁と下級審の「判断の分岐点」
(i) 分岐点を検討する意義

平成21年判例の事案では、下級審と最高裁の判断が対立している。この

---

11) 中村・前掲注1) 22頁。

ような事案（前記昭和51年判例も同様）では、両者の判断の分岐点を検討することが、判例の趣旨の的確な理解につながる場合が多い。では、本件の分岐点はどこにあったのか。

(ii) 下級審の判断の概要

　第一審は、本件エックス線検査は、その程度はともかくとして、荷送人・荷受人のプライバシー等を侵害するものであることは否定できないが、本件エックス線検査は「その射影により内容物の形状や材質を窺い知ることができるだけで、内容物が具体的にどのようなものであるかを特定することは到底不可能である。したがって、この方法が荷送人・荷受人のプライバシー等を侵害するものであるとしても、その程度は極めて軽度のものにとどまる。荷物を開披した上で内容物を見分した場合……に比べれば格段の差がある」として、本件エックス線検査の強制処分該当性を否定した。さらに任意捜査として許容される程度のものであったと判断した（第二審の判断もほぼ同趣旨）。

(iii) 最高裁の判断

　これに対して、最高裁は、「本件エックス線検査は、荷送人の依頼に基づき宅配業者の運送過程下にある荷物について、捜査機関が、捜査目的を達成するため、荷送人や荷受人の承諾を得ることなく、これに外部からエックス線を照射して内容物の射影を観察したものであるが、その射影によって荷物の内容物の形状や材質をうかがい知ることができる上、内容物によってはその品目等を相当程度具体的に特定することも可能であって、荷送人や荷受人の内容物に対するプライバシー等を大きく侵害するものであるから、検証としての性質を有する強制処分に当たる」と判断した。その上で、本件エックス線検査の必要性や態様等を具体的に検討した上、証拠収集過程に重大な違法があるとまではいえないとして、本件エックス線検査を契機として発見された覚せい剤等を証拠排除しなかった原審の判断は結論において正当であると判断した。

(iv) 分岐点の確定

　以上から、判断の分岐点は、本件エックス線検査によるプライバシー侵害の程度について、ア）荷物の内容物の形状や材料をうかがい知ることができ

るにとどまる点を重視して、侵害の程度は軽いと見るか（下級審）、イ）それに加えて、内容物によってはその品目等を相当程度具体的に特定することも可能であることを根拠に侵害の程度が大きいと評価するか（最高裁）という点にあったと思われる。

(v)　分岐点を巡る解決の糸口

　率直に言って、筆者が原審の裁判官だった場合、最高裁と同様の結論に至ったか甚だ疑わしい。それほど微妙な判断だったように思われる。このような事件が係属した場合、的確に判断するための糸口はどこにあるのだろうか。
　まず、事案は異なるが類似の判例の中に糸口がないか模索したい。
　この点については、捜査時のビデオ撮影がプライバシーを侵害するものとして強制処分該当性が争われた事案に関する最二小決平20・4・15刑集62巻5号1398頁[12]が挙げられる。この判例は、捜査機関が、犯人特定という捜査目的で、公道上を歩いている被告人や不特定多数の客が集まるパチンコ店内の被告人の容ぼう等をビデオ撮影したことについて、「いずれも、通常、人が他人から容ぼう等を観察されること自体は受忍せざるを得ない場所におけるものである」点等を理由に、捜査活動として適法であると判断した。
　そうすると、判例は、通常、人が容ぼう等の私的情報を明らかにされることを受忍せざるを得ないような状況か否かをプライバシー侵害の程度を評価する際のメルクマールにしていると思われる。具体的には、公道や店舗（前記事案）ではなく住居内にいる対象者は、私的領域内の事柄である自己の容ぼうを外から望遠レンズで撮影されることを受忍すべきであるとはいえず、上記撮影は強制処分該当性が認められよう[13]。
　以上のメルクマールによると、宅配荷物の外観を目視する、寸法重量を測定する等の行為は、私的情報を入手するものではあるが、宅配荷物の運搬を第三者に依頼する以上、上記程度の態様・程度で情報が明らかにされることは当然予期されているといえよう。しかし、宅配荷物の内容物の詳細等を観察することは、いわば住居内の観察に匹敵するから、これを甘受すべきであるとはいえない。そうすると、本件エックス線検査によるプライバシー侵害

---

12) 判例百選〔第9版〕9事件〔酒巻匡〕。
13) 最判解平成20年度306頁。

の程度は大きいという評価になりそうである。だが、問題は更にある。

[3] 具体的判断か類型的判断か
　すなわち、本件エックス線検査は、当該事案では宅配荷物の内容物の形状や材質をうかがい知ることができる程度（細かい固形物が均等に詰められた長方形の袋の射影が観察された程度）にとどまり、詳細は不明であった。以上の具体的事情を重視すれば、前記メルクマールでもなお受忍せざるを得ない程度の侵害と見る余地もあったのではないか。実際、下級審の判断の実質的根拠もこの点にあったと思われる。
　しかし、昭和51年判例が本件基準を具体的に当てはめる際に用いた「類型的基準」を前提にすると、当該事案の具体的事情よりも一般的類型的な見地を重視して強制処分該当性を判断するべきであろう。そうすると、本件エックス線検査は、今回はたまたま結果的に上記程度の観察にとどまったとしても、内容物の品目等を相当程度具体的に特定できる場合[14]もある捜査手法であるから、一般的類型的に見れば検証（本件で問題となる強制処分）に当たると評価できることになる。
　平成21年判例は、以上の各点を踏まえ、最終的には、目的程度基準を用い、まず、①本件エックス線検査が捜査「目的」で実施された点を指摘した（当然ながら、捜査「目的」であれば広範入念な観察がされるから、一層権利等の制約の「程度」が大きくなる）。さらに、②本件エックス線検査によって、「重要な」権利の制約といえる「程度」のプライバシー侵害があった判断して強制処分該当性を肯定した。以上を踏まえると、平成21年判例の事案も、本件基準やその他の昭和51年判例が示した基準によって解決が可能であるといえよう[15]。
　ところで、関連判例への着目という点では、自説に都合のよいものばかりに注目してはならない。整合性が問題となる判例についても検討する必要が

---

14) 例えば、撮影方向を変えることで立体的観察が可能になるといった場合が考えられよう（最判解平成21年度388頁）。
15) 本件基準は有形力の行使が問題となった事例に限定された基準であるから、この点が問題とならない平成21年判例の事案では適用できないとする近時の有力説として、川出・前掲注10）、古江・前掲注10）等。筆者は、上記有力説は重要な指摘をしていると考えているが、本稿では詳細な検討は控える。

ある。この点で無視できないのが次の判例がある。

[4] 平成21年判例との整合性が問題となる先例
（ⅰ） 米子強盗事件判例（最三小判昭53・6・20刑集32巻4号670頁）[16]
　この事案では、職務質問に伴う所持品検査の適法性が争われた。その概要は、猟銃等が用いられた銀行強盗の嫌疑が濃厚な被疑者が、警察官からの職務質問に黙秘し再三にわたる所持品の開披要求を拒否するなど不審な行動を取り続けたため、警察官が被疑者の容疑を確かめる緊急の必要から、被疑者の所持品であるバッグの施錠されていないチャックを開披して内部を一瞥したというものである。最高裁は、上記行為による法益の侵害はさほど大きいものではなく、上記経緯に照らせば相当と認められる行為であるとの判断を示し、職務質問に付随する行為として許容されるとした原判決を是認した。

（ⅱ） 検討
　しかし、このバッグ内部を直接見るという行為は、直接視認する点で、強制処分とされた本件エックス線検査よりもプライバシー侵害の程度が一層大きいように見える。そこで、両判例の整合性が問題となる。
　なかなか難しい問題ではあるが、米子強盗事件は、直接の視認とはいえ、内部の荷物等に触れないまま、外から「一べつ」したにとどまる。そうすると、手前の荷物により奥の状況は不明になることもあるなど、内容物の詳細、全容が分かる可能性は比較的乏しい捜査手法と見ることも可能であろう[17]。そうすると、両判例の整合性の問題は一応クリアできそうである。
　このように同種事案ではなくとも種々の関連判例を広く検討することも、実務家にとって重要である（前記のとおり、平成21年判例第一審判決も、米子強盗事件との比較をかなり意識しているように思われる説示をしている）。

[5] 小括
　組織犯罪の悪質化等に伴い、今後も新たな捜査手法が登場し強制処分該当性が争点となるケースが出てくると思われる（おとり捜査[18]、違法薬物が入っ

---

16) 判例百選〔第9版〕4事件〔笹倉宏紀〕。
17) 最判解平成21年度389頁。
18) 判例百選〔第9版〕12事件〔後藤昭〕。

ている貨物や運搬車両へのビーパー〔電波発信機〕設置等種々のコントロール・デリバリー）[19]。その際、本件基準を用いた判断がどこまで妥当するのか、別の判断基準を模索する必要がないのか見極める必要があろう。我々実務家にとって、判例の読み方活かし方が引き続き大きな課題になると思われる。

6　任意捜査の限界について

[1]　昭和51年判例の判断枠組と実務

(i)　判例の判断枠組（二段階）

　昭和51年判例によれば、無令状で実施された捜査方法の違法性が争点となった場合、①第一段階で、強制処分該当性が問題となり、肯定されると違法と判断されるが、否定されて任意処分と認定されると、②第二段階で、必要性・緊急性などをも考慮した上、具体的状況のもとで相当と認められる限度において許容されるという基準によって違法性の有無が検討されるという判断枠組となる。

(ii)　実務の判断傾向

　裁判実務も、判例が示した以上の判断枠組に基本的には従っていると思われる。しかし、有形力を用いなくても強制処分に当たる場合（平成21年判例）も、有形力を用いても任意処分にとどまる場合（昭和51年判例）もあり両者の区別は実際には相当微妙である。そこで、実務的には、強制処分か任意処分かを形式的に分類するだけでは足りず、強制・任意を問わず、個々の捜査類型を分析し、具体的事実関係に応じて実質的な違法性を評価するという、

---

19) 検察官による論考として、中村芳生「コントロール・デリバリー」平野龍一・松尾浩也編『新実例刑事訴訟法[I]捜査』（青林書院、1998年）68頁。なお、本稿脱稿後、最高裁は、車両に使用者らの承諾なく密かにGPS端末を取り付けて位置情報を検索し把握するGPS捜査について、令状がなければ行うことができない強制の処分と判断した（最大判平29・3・15刑集71巻3号13頁。同判例に関する解説として、「［最高裁大法廷時の判例］刑事」ジュリ1507号106頁、判例百選〔第10版〕30事件〔井上正仁〕等）。上記判例は、本件GPS捜査により侵害された利益の内容・程度に言及しておらず、強制処分性を個別具体的にではなく類型的に判断すべきであるとの理解を前提にしていると思われる（前掲ジュリ109頁参照）。この点については、本文中で指摘した昭和51年判例における類型的基準が用いられたと理解できよう。

いわば「一段階」的発想が（無意識的かもしれないが）判断の基盤にあるように思われる。この場合、捜査の違法性の一般的基準である①被疑者の同意の有無・範囲・程度、②侵害利益の種類・程度、③事案の重大性・嫌疑の強さ、④捜査の緊急性・必要性等の諸般の事情が総合考慮されることになろう[20]。下級審を含めた個々の裁判例からも、上記のような判断傾向がうかがわれる。

(ⅲ) 上記の実務の背景

　実務がこのような判断傾向を示すのは、おそらく、結局の争点は、強制・任意を問わず当該捜査手法が違法とされるか否かであり、この争点に対する判断を通じて具体的事案を解決するという実務の特質によるものと思われる。そして、実際に違法となった場合にどのような効果が付与されるか、それから逆算して、捜査手法としてどこまで許されるのかといった観点も無視できないというのが実務的な感覚ではなかろうか[21]（もっとも、前記のような判例や学説から是認できるかという検討〔反証〕を十分行う必要があることはいうまでもない）。

　この点については、平成21年判例が、強制処分該当性を認める結論的判断を示した上で、「本件エックス線検査については検証許可状の発付を得ることが可能だったのであって、検証許可状によることなくこれを行った本件エックス線検査は、違法であるといわざるを得ない」と説示している点が注目される。すなわち、捜査機関が予め令状を取得して上記検査を行うことが可能であったこと（不可能を強いるわけではないこと）を、無令状で行われた上記検査を違法と判断できる一つの論拠としているようにも思われる（もちろん、主たる論拠は既に検討したとおりであるが）。そうすると、異論もあろうが、上記判例においても、捜査の必要性等（前記(ⅱ)④）に対する考慮がされていると見る余地があり、実務の判断傾向を検討する上で参考になる。

　以上のように、裁判官は、判例を尊重しつつも、実際の判断枠組では、より実質的な判断手法を用いようとしているといえよう。

　任意捜査の限界については、捜査類型に即して種々の問題があり、多数の

---

20) 池田修・前田雅英『刑事訴訟法講義〔第4版〕』（東京大学出版会、2012年）91頁以下、松本芳希・三井誠ほか編『新刑事手続Ⅰ』（悠々社、2002年）158頁以下を参照。
21) 池田・前田・前掲注20）。

判例も出されている。紙幅の関係で詳細な検討はできないが、裁判実務上もっとも頭を悩ませるのは、「留置き」の適法性の判断である。すなわち、覚せい剤等の薬物犯罪の嫌疑が高い者に対して、強制採尿令状の執行までその場にとどまらせることが、任意捜査の限界を超えて違法といえるかという問題である。

[2] 薬物犯罪の被疑者に対する「留置き」の問題
(i) 最高裁の先例的判例
この点に関する先例的判例は、最三小決平6・9・16刑集48巻6号420頁[22]である。

事案の概要は、警察官らは、その言動から覚せい剤犯罪の嫌疑が高い被告人に対して、午前11時過ぎ頃以降、職務質問をするとともに、警察署への任意同行を求めたが、被告人が応じず自車に乗り込もうとしたので、両脇から抱えて阻止するなどして現場に留め置いた。その後、午後3時26分頃、強制採尿令状等の発付を請求し、午後5時2分頃同令状が発付され、午後5時43分頃から執行されたというものである。弁護人は留置きの違法性を主張し、これによって得られた被疑者の尿を対象とする鑑定書を違法収集証拠として排除すべきであると主張した。

これに対して、最高裁は、上記留置きは、強制採尿令状が執行されるまで6時間以上に及んでおり、任意同行を求めるための説得行為としての限度を超え、被告人の移動の自由を長時間にわたり奪った点で、任意捜査の限界を超えており、違法といわざるを得ないと判断した（警察官が早期に令状を請求することなく長時間にわたり被告人を留め置いた点を違法とする判断も示されている）。その上で、上記違法は、令状主義を没却するような重大なものではなかったとして、意見書の証拠排除を認めなかった原判決を是認した。

(ii) 東京高判平22・11・8[23]
東京高裁は、同様の留置きの違法性が争われた事案で、①純粋に任意捜査として行われる段階と、②強制採尿令状請求の手続に着手した後の令状の発

---

22) 判例百選〔第9版〕2事件〔江口和伸〕。
23) 平成22年度重要判例解説179頁〔白取祐司〕、判タ1374号248頁。

付・執行に至る「強制手続への移行段階」とに分け、後者の段階に入った後は、被疑者の所在確保の必要性が非常に高いとして、令状請求段階に入ったことを被疑者に伝えることを条件として、純粋な任意捜査の場合に比し、相当程度強くその場に止まるように求めることも許されるとの判断を示した。その上で、本件では、①職務質問開始から強制採尿令状請求までの時間が約40分であったところ、警察官は、被疑者に対して、令状請求の手続に入った旨告知しており、その後令状発付・執行までそれぞれ約3時間5分・約3時間21分かかっているが、手続の所要時間として著しく長いものではなかった、②実際に行われた留置きの態様も所在確保のための必要最小限のものであった、として本件留置きは適法であると判断した[24]。

(iii) 検討

東京高裁判決は、平成6年判例とは異なる新たな判断枠組みを提示したが、その背景には以下の事情があったと思われる。すなわち、覚せい剤犯罪の嫌疑が高まって強制採尿令状が請求される段階にまで至れば、令状執行のため被疑者を留め置く必要性が一層高まるのに、通常の任意捜査と同様に違法と判断されると、いかに嫌疑が高くても、捜査官は被疑者を一旦は釈放せざるを得ない事態も生じうる(さらに、その後、強制採尿令状が発付された段階に至っても、実際に執行されるまでの間は、同令状については逮捕状等のような緊急執行の規定〔刑訴法201条2項〕が存在しないため、被疑者を釈放せざるを得ない事態が生じる)。

この点は、相当以前から実務上問題視されてきた点であるが、平成6年判例等の先例によっても解決を見ない課題であった。東京高裁判決は、刑事実務を踏まえた具体的妥当性を目指して(換言すれば、違法とされる場合の効果を十分考慮して)、最高裁判例とは異なる新たな判断枠組を示したと思われる。

この判決に対しては、肯定的な学説もあるが[25]、批判もあり[26]、解釈論の限界を超えており立法によって解決されるべきであるとの指摘も見られる[27]。

24) 同趣旨の判断を示した先例的裁判例は、東京高判平21・7・1判タ1314号302頁であるとされている(前掲注23)の判タ囲み記事参照)。
25) 前田雅英・警察学論集64巻5号(2011年)145頁。
26) 白取・前掲注23)。
27) 大澤裕・研修770号(2012年)3頁。

今後は、以上の批判を踏まえた更なる検討が求められよう。
　しかしながら、先例的な判例でも解決されない困難な課題に直面した際に一裁判官としてどのような姿勢で判断すべきか、そういった問題を提起する事例といえる[28]。

28) 法による裁判という性格を失わないように、既存の材料や道具を土台にし、しかもその原型を壊して全く別物にしてしまわない範囲でこれを作り直すなどし、巧妙適切な道具を作り出すことこそ、職人である裁判官の腕の見せ所である旨の指摘（中村・前掲注1）20頁）を参照。なお、本稿脱稿後、留置きの問題について詳細に検討された論考として植村立郎「判例と捜査手法の適正化」山口厚ほか編『西田典之先生献呈論文集』（有斐閣、2017年）に接した。大変示唆に富む指摘がされており、是非参照されたい。

第2章

被疑者取調べ

青木孝之　一橋大学教授

1　刑訴法198条1項本文について

　被疑者は、犯罪の主体であるとの疑いをかけられた者であり、その疑いには通常それなりの根拠（証拠）がある。したがって、被疑者とは、捜査機関がその時点で証拠上最も犯罪に近いと判断した者ということができる。それゆえ、被疑者から事情を聴取することは、事実関係を明らかにし、捜査の方向性を定める上で必要不可欠な捜査手法だと考えられてきた。

　このように重要な捜査手法である被疑者取調べにつき、刑事訴訟法198条1項本文は、「検察官、検察事務官又は司法警察職員は、犯罪の捜査をするについて必要があるときは、被疑者の出頭を求め、これを取り調べることができる。」と規定する。この規定が、捜査機関に被疑者取調べという捜査方法を許容する権限付与規定であることは疑いない。ただし、確認しておくべきことが2つある。

　ひとつは、「被疑者の出頭を求め」た上で「取り調べることができる」と、被疑者の任意の協力を前提にしたその書きぶりからしても、また、強制処分法定主義（刑訴法197条1項但書）の建前からしても、被疑者の出頭及び取調べという一連の捜査手法は任意の処分だと考えるべきだということである。なるほど、現実の被疑者取調べは、全て被疑者の「任意」で片付けられるナイーブな場面ばかりではない。被疑者が身柄拘束されている場合には、とりわけそうである。しかし、事実の問題として強制の契機が払拭できないこと、また、逮捕・勾留という身柄拘束手段が純然たる強制処分であることに目を

奪われ、取調べそれ自体を強制処分であるかのように観念するのは、正確な理解ではない[1]。意思に反して人を特定の場所に出頭させることは、身体の自由や移動の自由を侵害する強制処分に他ならず、また、包括的な供述拒否権（憲法38条1項、刑訴法198条2項）を持つ被疑者に対し供述を強要することは、憲法違反になりかねない強度の違法性を帯びた行為だからである。

　もうひとつは、あまり厳密に意識されていない嫌いがあるが、198条1項本文が、身柄拘束の有無を問わず被疑者取調べ一般に対する権限を付与した規定なのか、あるいは、在宅（身柄不拘束）の場合を想定して任意の協力を求め得る限度での取調べ権限を付与した規定なのかということである。これは、次に詳述する同項但書の解釈とも密接に関連し、本文及び但書の各解釈として、論理的にはいろいろな組合せが考えられるところである。したがって、軽々に断じ得るものではないが、「出頭を求め」との文言は、被疑者が身柄拘束されていない状態を前提にしていると解するのが自然であるから、同項本文は、身柄不拘束の被疑者（以下「在宅被疑者」という）について、文字通り、取調べ場所（多くは警察署ないし検察庁であろう）への出頭を求めた上で、出頭に応じた場合には取調べることができる旨を定めた規定とみるべきであろう。同項本文が身柄拘束の場合をも含む趣旨の規定だとすれば、その場合の「出頭」とは、被疑者が身柄拘束されている刑事施設から、取調官が待ち受ける取調室への出頭を意味することになる。これは、「出頭」という言葉の通常の用語例とはいささか異なる。また、刑訴法は、捜査機関に対し、197条1項において、任意捜査を原則として一般的な事実調査の権限を与えた上で、198条1項において、被疑者取調べの一般的な権限を付与している。198条1項本文が身柄拘束の場合をも含むという解釈は、このような条文の並びとも必ずしも整合的ではないであろう。やはり、同項本文は、基

---

1) 例えば、植村立郎教授は、平野龍一・松尾浩也編『新実例刑事訴訟法Ⅰ』（青林書院、1998年）65頁において、身柄拘束中の被疑者の取調べは強制処分であると明言する。その真意は、後述する取調べ受忍義務を肯定することにあるのかもしれないが、取調べ自体を強制処分と表現するのはミスリーディングに思われる。

　他方、高田卓爾博士は、取調べ受忍義務肯定説に立つ論者であるが、身柄拘束下の被疑者取調べにつき、「出頭および滞留を義務的であるとしても」、逮捕・勾留という「強制処分を利用した取調べではあるが、取調べそのものを強制捜査と称するのは正確ではない」とする。高田卓爾『刑事訴訟法〔2訂版〕』（青林書院、1984年）336頁。

本的に強制の要素がかからない場面、すなわち在宅被疑者についての取調べの場面を想定したものとみるのが自然に感じられる。

2　刑訴法198条1項但書について

[1] 取調べ受忍義務肯定説

　刑訴法198条1項は、前記本文に引き続き、但書において、「但し、被疑者は、逮捕又は勾留されている場合を除いては、出頭を拒み、又は出頭後、何時でも退去することができる。」と規定する。

　被疑者は、「逮捕又は勾留されている場合を除いては」、出頭を拒否し、いったん出頭した後も自由に退去できるというのであるから、この条文を素直に解釈すると、在宅被疑者については出頭拒否及び退去の自由が認められることになる。この帰結は前記1で述べた本文の解釈からも明らかであり、刑訴法198条1項全体についていかなる解釈を採る論者からも異論のないところである。問題は、被疑者が「逮捕又は勾留されている場合」、すなわち身柄拘束下の取調べについてどう考えるかである。

　実務における伝統的な見解は、但書を文理にしたがって反対解釈し、「被疑者が逮捕・勾留されている場合」、すなわち身柄拘束されている場合には、出頭を拒んだり、いったん出頭した後に自由に退去したりすることはできないとする。この場合、既に身柄拘束された被疑者について、自宅から捜査機関に出頭することや、捜査機関から自宅に退去することを観念する余地はないから、但書にいう「出頭」や「退去」は、被疑者が身柄拘束されている刑事施設[2]と、取調官が待つ取調室との間の行き来を示す用語例ということになる。そうすると、身柄拘束された被疑者は、在宅の場合と異なり、自分の意思で取調室への出頭を拒んだり同室から居房に退去したりすることはできないことになる。

　かくて、捜査実務は、刑訴法198条1項は、在宅被疑者について、捜査機関への出頭拒否・退去の自由を認めた上での取調べを許容するとともに、一

---

2) 多くの場合、警察署内部に設置された留置場、いわゆる代用刑事施設がそれに充てられることになる。それ自体が、わが国の刑事司法が抱える大きな問題のひとつであるが、本稿では深入りしない。

方で、但書において、身柄拘束された被疑者については、取調室への出頭拒否や同室からの退去を許容しない（このことを、「出頭滞留義務」があると表現する）前提での取調べを認めていると解釈し、そのように運用してきたのである[3]。このような立場は、一般に、取調べ受忍義務肯定説と呼ばれている[4]。

[2] 取調べ受忍義務否定説

これに反し、多くの学説は、取調べ受忍義務肯定説の結論を容認しなかった。肯定説は、取調室に出頭・滞留して取調べを受ける義務が被疑者にあるとしても、黙秘権（憲法38条1項）を行使すればよいから、被疑者の権利保障にとって不都合はないとする。しかし、現実の問題として、取調室に長時間滞留を余儀なくされ、取調べを甘受せざるを得ない状況が、供述を強制する契機として働くことは否定できない。このような苛酷な状況に耐えうる被疑者はそう多くないのである。学説は、この点に危機感をもち、黙秘権の保障を実質化するためには、何としても取調べ受忍義務を否定しなければならないと考えた。

このような問題意識の下、初めて本格的な取調べ受忍義務否定説を展開したのが、平野龍一博士である。体系書の記載が簡潔なため、必ずしも明確でない部分もあるが、おそらく、平野は次のように考えたのではないか。在宅被疑者の取調べが純然たる任意処分である以上、身柄不拘束の被疑者が、捜査機関に出頭したうえ取調べに応じることを求められても、出頭を拒むこともできるし、出頭後、自由に退去することもできる。それは、任意捜査の原則（刑訴法197条1項）に照らし、余りにも当然のことであり、刑訴法198条1項本文が明文で定めるところでもある。それでは、被疑者が身柄拘束されている場合はどうなるのか。この場合の出頭及び退去は、警察署や検察庁

---

3) 椎橋隆幸教授は、実務で支配的な取調べ受忍義務肯定説によると、同項本文は「身柄不拘束の被疑者に出頭拒否・退去の自由を認めた上での取調べを許す規定で、但書は身柄拘束下の被疑者に出頭拒否・不退去を認めない取調べを認めたもの」と整理する。「逮捕・勾留中の被疑者の取調べ」松尾浩也・井上正仁編『刑事訴訟法の争点〔第3版〕』（有斐閣、2002年）58頁。

4) 取調べ受忍義務肯定説を採る学説として、団藤重光『新刑事訴訟法綱要〔7訂版〕』（弘文堂、1967年）326頁、高田・前掲注1）335頁、柏木千秋『刑事訴訟法』（有斐閣、1970年）56頁等がある。

への出頭及び退去ではなく、居房と取調室の間における出頭及び退去と観念されることになるが、被疑者取調べが被疑者の同意・協力のもとに成り立つ任意の処分であるとの理論的な建前を貫き、黙秘権の保障を実質化するためには、居房から取調室に出頭し、そこに滞留し続ける義務を認めるわけにはいかない。結局、結論としては、在宅被疑者の場合も、身柄拘束された被疑者の場合も、出頭及び退去の意味こそ異なるが、いずれにしても出頭及び退去の自由が認められるべきことになる。そうだとすると、198条1項但書の「逮捕又は勾留されている場合を除いては」という文言に、そもそも大した意味はない。在宅の場合でも身柄の場合でも、出頭滞留義務は否定されるのだから。肯定説がいうように、この文言を「逮捕・勾留されている場合」と反対解釈した上で独自の意義を認める必然性はないのである。ではなぜ、刑訴法はこのような条文をわざわざ置いたのか。それは、身柄拘束下の被疑者は、取調室への出頭は拒めても、逮捕・勾留の要件が認められて身柄拘束されている以上、逮捕・勾留された場所に滞留し続けなければならないという当然の理を改めて確認するためである。以上が、学習者の頭を必ず一度は悩ませる、198条1項但書は、身柄拘束されている被疑者に「出頭拒否・退去を認めることが、逮捕または勾留の効力自体を否定するものではない趣旨を、注意的に明らかにしたにとどまる」[5]という平野説の韜晦極まりない解釈の内実だと思われる。

　しかし、誰もが感じるとおり、このような解釈には文理上無理がつきまとう。それが平野説の最大の弱点であった。それで、平野説以後の有力な学説は、身柄拘束中の被疑者に取調べ受忍義務はないという結論は維持しつつ、198条1項全体を少しでも無理なく解釈できないかと、工夫を重ねることになった。

　例えば、田宮説は、198条1項は、その規定の体裁に照らし、そもそも取調べではなく在宅被疑者に対する捜査機関への出頭要求を規律する条文だとする。そのうえで、在宅被疑者に出頭に応じる義務がないのは当然であるが、捜査機関からの出頭要求は往々にして逮捕・勾留と同列の強制処分と誤解されかねないので、念のため但書を置いて応諾義務のないことを明らかにしたと考えるのである。同説によれば、但書の意義はこれに尽きるのであって、

---

5) 平野龍一『刑事訴訟法』（有斐閣、1958年）106頁。

取調べ受忍義務のないことは当然の前提である。要するに、198条1項は、捜査のために出頭要求ができること（その結果、任意処分たる取調べもできる）、しかし、それはあくまで任意の処分であることを明らかにした規定にすぎない。以上のようなことになる[6]。

また、鈴木説は、198条1項但書は、在宅被疑者に出頭滞留義務のないことを確認した規定にすぎず、被疑者が身柄拘束された場合については、刑訴法は明文を置かず、解釈に委ねた趣旨であると考える。そうであれば、逮捕・勾留が取調べを直接の目的とした強制処分ではない以上、在宅被疑者の場合と同様、身柄拘束された被疑者についても取調室に出頭・滞留する義務はないとする[7]。

さらに、松尾説は、取調室に出頭・滞留しなければならないことと、取調べに応じて供述するか否かは別問題であるとの前提に立った上で（その点が、他の取調べ受忍義務否定説と異なる）、198条1項但書の解釈として、身柄拘束下の被疑者に出頭滞留義務のあることを否定することはできないが、他方、取調べを拒否する自由が認められなければ憲法の要請する黙秘権の保障が侵害されるおそれがあるとして、被疑者にはこのような自由があると理論構成する[8]。この説によれば、198条1項但書の解釈に関する文理上の難点は回避できるが、その一方で、出頭滞留義務のある状態で、取調べを拒否する自由は本当に機能するのかという疑問は解消されないままであるといえよう。

3　在宅被疑者の取調べ

前記のとおり、在宅被疑者の取調べは198条1項本文により根拠付けられるが、この取調べは、被疑者が捜査機関に任意に出頭することを前提にした

---

[6] 田宮裕『刑事訴訟法〔新版〕』（有斐閣、1996年）132頁。なお、田宮説は、他の取調べ受忍義務否定説が身柄拘束下の取調べを任意捜査と位置づけるのに対し、その強制的な要素に着目して、受忍義務はないとしつつも、強制処分法定主義の規律を受けない「強制の処分」と位置づける。そのような独自の前提にもとづく立論であることに留意が必要である。田宮裕『刑事訴訟法Ⅰ』（有斐閣、1982年）323頁、「起訴後の取調」熊谷弘・松尾浩也・田宮裕編『捜査法体系Ⅰ』（日本評論社、1972年）271頁。

[7] 鈴木茂嗣『刑事訴訟法〔改訂版〕』（青林書院、1990年）83頁。

[8] 松尾浩也『刑事訴訟法・上〔新版〕』（弘文堂、1999年）67頁。

捜査手段であるから、その点が微妙な事案においては、「出頭を求め」たといえる範疇に収まっているのか、換言すれば、任意の出頭あるいは同行といいながら、それを逸脱して人身の自由を侵害する強制的な手段がとられたのではないかが、問題となり得る。実際、従来の裁判例においては、被疑者を任意同行した後に警察署に留め置いてされた取調べが、実際には任意同行及び取調べを拒否できない状態でされたものであり、実質的に逮捕と評価され得るものではないかが争われた事案が、少なからず存在する[9]。

そこに現れたのが、高輪グリーンマンション事件最高裁決定（最二小決昭59・2・29刑集43巻7号581頁。以下「昭和59年決定」という）である。同決定の事案は、警察が殺人事件の被疑者を4日間にわたりホテル等に宿泊させ、警察官がその隣室に泊まったり、あるいは周辺に張り込むなどして、その動向を監視した上、自動車で送迎して、警察署において連日長時間の取調べを行い、自白を得たというものである。最高裁は、この事案について、「任意捜査の一環としての被疑者に対する取調べは、……強制手段によることができないというだけでなく、さらに、事案の性質、被疑者に対する容疑の程度、被疑者の態度等諸般の事情を勘案して、社会通念上相当と認められる態様及び限度において、許容されるものと解すべきである。」と判示した。この判示に従えば、任意捜査としての被疑者取調べの適法性は、まず、①一連の任意同行及びその後の取調べが例えば実質的な逮捕と評価され、「強制手段」に該当しないか、仮にこの点が否定されて任意の手段と認められても、次に、②任意捜査が服する一般的な規律として、「社会通念上相当と認められる態様及び限度」のものか、2段階の基準により判断されることになる。このような2段階の判断基準は、20時間を超える長時間に及ぶ徹夜の取調べが問題となった、平塚ホステス殺害事件最高裁決定（最三小決平元・7・4刑集43巻7号581頁）においても踏襲され、その後の裁判実務に定着したと評価してよい状況にある[10]。

現在では、議論の焦点は、上記最高裁が判示する「社会通念上相当」の基

---

9) 実質的な逮捕にあたる旨の判断がされた裁判例として、神戸地決昭43・7・9下刑10巻7号801頁、京都地決昭47・4・11刑月4巻4号910頁、東京高判昭54・8・14刑月11巻7・8号787頁、東京地決昭55・8・13判時972号136頁等がある。
10) 川出敏裕「被疑者取調べの在り方について」警察政策11巻1号（2009年）168-169頁、宇藤崇「被疑者取調べ」井上正仁・酒巻匡編『刑事訴訟法の争点』（有斐閣、2013年）64頁。

準の判断枠組みに移りつつある。何をもって「社会通念上相当」と認めるかは非常に困難な問題であるが、任意捜査を規律するものとして、いわゆる比例原則[11]が厳然として存在する以上、捜査目的とその達成手段において、同原則を充たす均衡関係が保たれていることをもって「社会通念上相当」と評価するのが自然な発想であろう。そのことは、著名な最高裁昭和51年決定（最三小決昭51・3・16刑集30巻2号187頁）によっても裏付けられる。同決定において、最高裁は、強制にわたらない程度の「有形力の行使は、任意捜査においても許容される場合がある」が、「強制手段にあたらない有形力の行使であっても、何らかの法益を侵害し又は侵害するおそれがあるのであるから、状況のいかんを問わず常に許容されるものと解するのは相当ではなく、必要性、緊急性などをも考慮したうえ、具体的状況のもとで相当と認められる限度において許容されるものと解すべきである。」と判示した。このように、昭和51年決定が、「具体的状況のもとで相当と認められる限度」という文言で比例原則を明示している以上、同じ任意捜査に関する昭和59年決定もこの判断枠組みを踏襲していると考えるのが、最も素直な判例法理の理解というべきだからである[12]。

ただし、これに対しては有力な反対説もあって、例えば酒巻匡教授は、次のように主張する。被疑者取調べの場面において、取調べの必要性と衡量すべき反対利益は、被疑者が取調べに応じて供述するかどうかを決する意思決定の自由であるが、意思決定の自由の侵害については、最終的に任意に取調べに応じたか否かによって、あるかないかの二者択一の結論になる性質のものであり、侵害の程度といったことを観念するのが困難である。したがって、反対利益としての利益衡量にはなじまず、昭和51年決定における比例原則の枠組みは、被疑者取調べの問題にはそのまま適用できない[13]。

このように、在宅被疑者の取調べをめぐる議論は、それが任意捜査であることを前提に、任意捜査として許容される方法及び態様はどこまでかの判断基準を、個別具体的な事案に沿って精緻化する方向に進んでいると考えられる。

---

11) 達成されるべき目的とそのために取られる手段から生じる権利・利益の制約との間に均衡を要求する公法上の原則と定義されよう。

12) このような理解を示すものとして、三井誠『刑事手続法(1)〔新版〕』（有斐閣、1997年）128頁、長沼範良・昭和59年度重要判例解説193頁。

4　身柄拘束下の被疑者取調べ

　身柄拘束下においては、捜査機関が逮捕又は勾留という強制手段に既に着手した段階であり、しかも、被疑者の身柄は取調べを実施する捜査機関である警察署の留置場に拘束され、24時間管理されるのが通常である。したがって、本来、逮捕・勾留とは別個の捜査手段であるはずの取調べについても、どうしても強制の契機がつきまとう。それが、前述した取調べ受忍義務肯定説と否定説の実質的対立をもたらす背景事情であった。もっとも、肯定説と否定説の実際の差異は見かけほど大きくはなく、現実の運用場面ではほとんど同じことになるとの指摘があることに注意しなければならない。例えば、田宮裕教授は、肯定説を採ったとしても、被疑者に黙秘権がある以上、供述の強制が許されないのは当然で、出頭のための物理的強制力をどの程度使えるのかは明確でない。無理に出頭させたところで取調べの効果が上がるものでないことは容易に想像できる。他方、否定説を採っても、198条1項に取調べ権限が明記されており、それが捜査官の重大な職責であることは疑いないので、被疑者に対し取調べに応じるよう粘り強く説得することは許容される。こうして、「強制」と「説得」は、現実にはかなり接近しうる。以上のように分析するのである[14]。

　上述したところをふまえ、身柄拘束下の被疑者取調べにおける最大の論点である取調べ受忍義務あるいは出頭滞留義務に関する判例法理を確認しておこう。この点が直接の判示事項となった最高裁判例は存在しないが、接見指定（刑訴法39条3項）の合憲性を肯定した最高裁大法廷判決（最大判平11・3・24民集53巻3号514頁）は、刑訴法198条1項但書が逮捕・勾留中の被疑者について取調べ受忍義務を肯定しているとするならば、同規定は黙秘権を保障した憲法38条1項に反し違憲無効である旨の上告趣意を排斥するに際し、「身体の拘束を受けている被疑者に取調べのために出頭し、滞留する義務が

---

13) 酒巻匡「任意取調べの限界」神戸法学年報7号（1991年）290-293頁。酒巻教授は、このような理解にもとづき、昭和59年決定のいう「社会通念上相当」の基準は、比例原則の反映ではなく、取調べを実施する捜査機関に対して行為規範・行動準則を設定したものとみる。酒巻匡「捜査手続(4)供述証拠の収集・保全」法教360号（2010年）62頁。
14) 田宮裕「取調べ問題の展望」井戸田侃編集代表『総合研究 被疑者取調べ』（日本評論社、1991年）788頁。

あると解することが、直ちに被疑者からその意思に反して供述することを拒否する自由を奪うことを意味するものではないことは明らかであるから、この点についての所論は、前提を欠き、採用することはできない」と判示した。この判示をどう読むかについては諸説あり得るところであり、最高裁が、出頭滞留義務の肯定が直ちに憲法38条1項違反を意味するものではない旨明言したことから、捜査実務における伝統的な取調べ受忍義務肯定説が支持されたと受け取る向きもある。取調べを受けなければならないことと、取調べを受けた上で黙秘権を行使することは論理的に両立し得るものであり、したがって、取調べ受忍義務を肯定しても、供述の自由（黙秘権）との関係で矛盾は生じないというのが、伝統的な取調べ受忍義務肯定説の論拠になっていたからである。

　しかし、具体的事案に即して上告趣意及び当該判示部分を読めば、学説が指摘するとおり、ここでの判示は、憲法違反を主張する上告趣意が、①被疑者の取調べを理由とする接見指定は、取調べ受忍義務の肯定を不可欠の前提としていること、②取調べ受忍義務を肯定することは、憲法が保障する供述の自由との緊張関係をはらんでおり、両者は両立し得ないことの2段階から構成されるものであることを前提に、上告趣意が拠って立つ前提である上記②の点だけを否定したものと解するのが自然であろう。最高裁は、そもそも198条1項但書が取調べ受忍義務を認めたものかどうかについては何も述べていないという解釈も可能であるし、また、仮に198条1項但書が被疑者に何らかの義務を認めたものと解するにしても、最高裁が、「取調べ受忍義務」という上告趣意の用語例を、条文に忠実に「出頭滞留義務」と置き換えて判示していることからすると、取調べ受忍義務と取調べのための出頭滞留義務を区別した上で（すなわち、前記松尾説のような理解に立った上で）、出頭滞留義務だけを認めたものと解釈することも可能に思われる[15]。

　以上のとおり、取調べ受忍義務（出頭滞留義務）については、平野説以来、華々しい論争が行われてきたにもかかわらず、いまだ完全な決着をみない状況にある。いずれにせよ、肯定説に立つ実務は、時として強制の契機をはらむ被疑者取調べという捜査手法なしに刑事司法は円滑に運営し得ないという現実

---

15) 川出・前掲注10) 論文166-167頁、田中開・成瀬剛「接見交通(1)——接見指定の合憲性・要件」判例百選〔第9版〕36事件。

的理由から出発するのに対し、否定説に立つ多くの学説は、そのような現実を追認しては憲法上の被疑者の権利が危殆に瀕するという理念上の問題意識から出発するのである。田宮教授が指摘するとおり、現実の運用場面では、それほど大きな差異は生じないという見方も可能であろうが、この点に関する実務と学説の発想には、いまだ大きな隔たりがあることも否定できない事実である。

5　可視化時代の被疑者取調べ

　従来の実務と学説の議論状況は既に詳しく述べたとおりであるが、平成28年、刑事訴訟法等が改正され（同年法律第54号）、被疑者取調べの在り方を大きく変える可能性のある立法が実現した。それは、いわゆる取調べの可視化[16]、すなわち、DVDやBDといった記録媒体を利用して被疑者取調べをリアルタイムで録音・録画する法制度の採用である。

　その具体的な中身は、取調官が対象事件の取調べ及び弁解録取手続の全過程についてリアルタイムで録音・録画する義務を負うこと（取調べ等の録音・録画義務）、及び、対象事件の取調べ等にかかる供述調書の任意性が公判で争われた場合には、検察官は当該取調べ等を録音・録画した記録媒体の証拠調べを請求する義務を負うこと（記録媒体の証拠調べ請求義務）からなる。すなわち、検察官、検察事務官及び司法警察職員は、裁判員裁判対象事件及び検察官独自捜査事件について、逮捕・勾留中の被疑者の取調べ等を行う場合は、機器の故障や被疑者の拒絶等、法定の例外事由にあたる場合を除いては、取調べ等の全過程を録音・録画しなければならない（改正刑訴法301条の2第4項）。また、検察官は、対象事件の公判において、不利益事実の承認を内容とする捜査段階の供述調書等を証拠調べ請求した場合、その任意性が争われたならば、上記例外事由にあたる場合等を除き、当該取調べを録音・録画した記録媒体の証拠調べを請求しなければならない（同条第1項）。この義

---

[16] 取調べの可視化に関する文献は多数あるが、それ自体をテーマにした単著として、小坂井久『取調べ可視化論の現在』（現代人文社、2009年）及び『取調べ可視化論の展開』（現代人文社、2013年）を、平成28年改正に至るまでの議論状況を的確に整理したものとして、川出敏裕「取調べの『可視化』」井上正仁・酒巻匡編『刑事訴訟法の争点』（有斐閣、2013年）30頁以下を、それぞれ挙げておく。

務が履行されない場合には、当該供述調書等の証拠調べ請求は却下される（同条第2項）[17]。

　現行刑訴法は、効果的である反面、弊害も多い捜査手段である被疑者取調べを規制するため、自白法則という証拠法上のルールを設けた（憲法38条2項、刑訴法319条1項）。この法則にもとづき、任意性に疑いのある自白は排除される。しかし、このような規制方法が現実に機能するためには、公判において、取調室の中で何があったのか、正確かつ詳細に審理することが可能でなければならない。不任意自白であることを訴える被告人の主張は、多くの場合、捜査官の暴力、威嚇、圧迫、誘導、偽計などによって不本意ながら自白したという形をとる。しかし、取調室は、ほぼ完全な密室であり、従来は、取調べそれ自体がリアルタイムで逐語的に記録されているわけでもなかった。このような状況の下では、取調室で何があったかを明らかにすることは非常に困難である。なぜなら、ほとんどの事案において、捜査官による違法・不当な言動があったと訴える被告人側の主張と、取調べは適法・適正に行われたとする捜査機関側の主張が平行線をたどり、容易に真偽のほどは判明しないからである。かようにして、自白法則による取調べの事後的規制は、少なくとも冤罪と呼ばれる結果に終わった事件については、十分機能してこなかった。しかるに、上記取調べの可視化は、取調べそれ自体をリアルタイムで録音・録画し、事後的に再生することによって、取調室で何があったかを明らかにしようというものであるから、任意性の審理に関する桎梏を一挙に解決する可能性をもつ。弁護実務の現場からは、可視化の実現によって、暴力的な取調べが影を潜めた旨の指摘があるが[18]、たしかに、実務的実感として、公判で任意性が争われる事件自体が減ったようにも感じられる。

　もちろん、過度の楽観は禁物であり、取調べの様子が映像及び音声で直接確認できるようになったがゆえに（すなわち、可視化が可視化であるがゆえに）生じた、新しい問題もある。取調べを受ける被疑者の姿を見、声を聴くことにより、誤った方向の心証を形成しかねない映像バイアスの問題[19]や、本来は、任意性立証の手段として想定されてきた記録媒体を、犯罪事実そのものを立

---

17) 吉田雅之「『刑事訴訟法等の一部を改正する法律』の概要」法の支配184号（2017年）41-43頁。
18) 小坂井久「『取調べ可視化批判論』批判」季刊刑事弁護88号（2016年）102頁。

証する証拠として用いた場合にどうなるかという、実質証拠利用の問題[20]等がそうである。筆者自身は、取調べがリアルタイムで録音・録画されるようになったことが、取調官のメンタリティに与える影響には大きなものがあり、多少の困難は伴いつつも、刑事司法の運営は全体として透明化されると信じているが、いずれにせよ、立法されたばかりの段階であり、これらの点については、今後の議論と裁判例の集積を待つしかない。現時点では、取調べの録音・録画という新しい制度が、被疑者取調べとそれを軸にした刑事司法の運営を少なからず変容させるダイナミズムをもつものであることを再確認し、本稿を閉じることにする。

---

19) 指宿信『被疑者取調べ録画制度の最前線：可視化をめぐる法と諸科学』（法律文化社、2016年）、若林宏輔「心理学における取調べ録音・録画の利用の今後」季刊刑事弁護89号（2017年）138頁等。
20) 拙稿「取調べを録音・録画した記録媒体の実質証拠利用」慶應法学31号（2015年）61頁、白取裕司「取調べの録音・録画と実質証拠化問題」井田良ほか編『浅田和茂先生古稀祝賀論文集〔下巻〕』（成文堂、2016年）145頁、多田辰也「取調べの録音・録画記録媒体の実質証拠利用について」大東法学26巻2号（2017年）37頁、岡田悦典「被疑者取調べの録音・録画記録の取扱いについて」季刊刑事弁護89号（2017年）132頁等。

第3章 秘密録音・電話傍受

栗原 保　名古屋高等裁判所金沢支部判事

1　はじめに

　最近の通信機器の発達には目覚ましいものがあり、小型で高性能な機器を一般人でも容易に入手、利用できるのであって、通信の秘密やプライバシーの保護の要請が高まっている状況にある。
　その一方で、そのような通信機器が犯罪の実行や関与者間の連絡等に使用されることによって、犯罪が密行化、巧妙化し、広域的な犯罪の遂行が可能となり、その摘発が困難となっているという現実もあるところであり、そのような犯罪に対抗するための捜査手法の必要性が増していることも無視できない。
　そのような中で、本稿では通信の秘密やプライバシーを制約すると考えられる電話傍受（電話による通信を、当事者のいずれの同意も得ないで受けること）や秘密録音（会話の一方当事者として、相手方の同意を得ないで会話を録音すること）といった捜査手法について検討したいと思う。

2　電話傍受について

[1]　強制処分該当性
　まず、電話傍受の法的性質が任意処分か強制処分かを確認しておく必要がある。強制処分の意義については、最三小決昭51・3・16刑集30巻2号187頁（判例百選〔第9版〕1事件）が、「個人の意思を制圧し、身体、住居、財産等に制約を加えて強制的に捜査目的を実現する行為など、特別の根拠規

定がなければ許容することが相当でない手段を意味する」と判示しているところ、最近では、直接の物理的作用は伴わないもののプライバシーその他の重要な権利・利益に実質的な侵害ないし制約を加えるような新たな捜査手段については、それが相手方の明示又は黙示の意思に反して行われる場合、強制処分ととらえるべきとする見解が多数となっている（本書第1章〔青沼潔〕参照）。

　この見解に従えば、通信や会話を、その両当事者に秘密裡に聴取し、録音する行為は、当事者の意思に反して通信の秘密や当事者のプライバシーといった重要な権利や利益を侵害するものであるから、電話傍受が刑事訴訟法上強制処分となることは争いがないところと思われる（井上正仁『捜査手段としての通信・会話の傍受』〔有斐閣、1997年〕86頁等）。

　したがって、刑事訴訟法上の根拠規定が必要となるが、通信傍受について、刑事訴訟法222条の2は、当事者のいずれの同意も得ないで電気通信の傍受を行う強制の処分については、別に法律で定めるところによると規定し、「犯罪捜査のための通信傍受に関する法律」（以下「通信傍受法」という）が一定の犯罪に関連する通信を傍受できることを認め、その要件、手続等を定めているのであって、現在、同法に基づいて捜査機関による電話傍受は一定の範囲で許容されているのである。

[2] 学説と判例

　もっとも、憲法35条の保護対象は住居や物等の物理的不可侵ではなくプライバシーの利益や人格権と見て、電話傍受を含む通信・会話の傍受も同条の規制を受けるというのが通説と思われるが、その上で、学説上、①憲法35条が求める対象の特定が不可能であることなどを理由に、通信・会話の傍受は、憲法上認められないという見解と、②傍受の特殊性に応じた令状も可能とする見解が対立していたところである（堀江慎司「電話検証」別冊判例タイムズ26『警察基本判例・実務200』〔2010年〕291頁）。

　この点、通信傍受法が平成11年8月に成立する前は、電話傍受についての明文規定はなかったが、捜査機関が検証許可状の発付を受けて、電話傍受を行うという捜査方法がとられることがあり（なお、通信傍受法の成立に伴い平成11年9月に追加された前記刑事訴訟法222条の2により、検証許可状による電話傍受は許されなくなった）、その合憲性、適法性が争われることがあったところ、最高裁は、捜査機関が電話の通話内容を通話当事者の同意を得ずに

傍受することは、重大な犯罪に係る被疑事件について、罪を犯したと疑うに足りる十分な理由があり、かつ、当該電話により被疑事実に関連する通話の行われる蓋然性があるとともに、他の方法によってはその罪に関する重要かつ必要な証拠を得ることが著しく困難であるなどの事情が存し、犯罪の捜査上真にやむを得ないと認められる場合に、対象の特定に資する適切な記載がある検証許可状によって許されていたとして、検証許可状による電話傍受について、適法性を肯定する判断を示した（最三小決平11・12・16刑集53巻9号1327頁〔判例百選〔第9版〕34事件〕）。

　この決定は、電話傍受が捜査の手段として憲法上全く許されないものではないと解すべきとしており、電話傍受が憲法上許されないとする見解を採らないことを明らかにしたものであり、また、通信傍受法3条1項の要件に対応すると認められる電話傍受が憲法上許容されるための要件についても言及しており、通信傍受法の合憲性の判断のために大きく資するものであり、判例としての重要性は高いといえよう。

3　秘密録音について

[1]　強制処分該当性

　それでは、捜査機関が、会話の一方当事者として、相手方の同意を得ないで会話を録音すること（秘密録音）は、強制処分にあたるであろうか。

(i)　学説の整理

　秘密録音については、以下の4つの見解があるとされている。

A　無限定合法説（松本時夫「盗聴」熊谷弘ほか編『証拠法大系Ⅰ』〔日本評論社、1970年〕210頁等）

　会話当事者間では、相手方は聞くことを容認されている以上、録音することも差し支えないと考えられること、相手方との関係では秘密性やプライバシーは放棄されていることなどを理由に、当事者の秘密録音は、モラルや相手方に対する背信性の問題は別として、違法とはいえないという見解。

　この見解は、秘密録音された結果が対外的に流出するなどした場合には具体的なプライバシー侵害が生じるが、録音した結果を保持しているだけでは、プライバシー侵害は潜在的なものであって、具体的な権利侵害として違法とまではいえないという考え方を基本としていると考えられる。

B　原則違法説（浅田和茂「科学捜査の現状と問題点」『刑事裁判の復興
　　——石松竹雄判事退官記念論文集』〔勁草書房、1990 年〕94 頁等）

　自分が話した言葉に対する話者の権利（言葉を録音するか否かを決定する権利を含む）を人格権又はプライバシーの権利の内容と認めるなどして、会話の当事者の秘密録音は、こうした権利を侵害するものとして違法であるとする見解。

C　留保付合法説（佐藤文哉・最判解昭和 56 年度 258 頁等）

　基本的には無限定合法説と同様に考え、会話当事者の秘密録音を原則として適法とするが、会話を録音にとられないことを期待できる一定の場合には、例外的に録音されないことに対する期待を法的に保護する必要があるとして、違法とする見解。

　違法な場合の例としては、会話を録音にとらないという明示の約束がある場合や、会話の内容、相手方などから録音されないことについて合理的な期待を認めてよい場合（医師と患者の会話など）などが挙げられている。

D　利益衡量説（井上正仁「秘密録音の適法性・証拠能力」昭和 56 年度重
　　要判例解説 202 頁等）

　会話の当事者による秘密録音がプライバシー権の主要な要素である会話内容の秘密性を侵害するものではないことを認めながらも、会話の相手方が聴いて記憶にとどめるのと録音するのではプライバシー侵害の脅威の程度や自由な表現を制約する程度が異なるとの認識を前提として、録音されないことに対する期待自体に広く法的保護の対象としての価値を認め、会話当事者間の秘密録音を原則として違法としながらも、秘密録音をする正当な事由があり、会話がプライバシーを期待し得ないような状況でなされるものであるときには、例外的に許されるとする見解。

　かつては、A 説（無限定合法説）と、B 説（原則違法説）が対立していたとされるが、後記最三小決昭 56・11・20 を契機として、C 説（留保付合法説）や、D 説（利益衡量説）などの中間説が主張され、主流となるに至ったといわれている（以上の整理については、佐藤・前掲、稗田雅洋・最判解平成 12 年度 153 頁及び長岡哲次「供述録音テープの証拠能力」平野龍一・松尾浩也編『新実例刑事訴訟法〈3〉証拠・裁判・上訴』〔青林書院、1998 年〕76 頁によった）。

(ii)　各学説からの強制処分該当性について

　以上の学説については、当初、必ずしも、私人である会話当事者の秘密録

音と捜査官である会話当事者の秘密録音とで区別した議論はなされていなかったといわれている。

　もっとも、前記のような相手方の意思に反して、プライバシーその他の重要な権利・利益に実質的な侵害ないし制約を加えるような捜査手段については、強制処分ととらえるべきとする見解に従うと、秘密録音が、相手方の同意を得ないでなされるものである以上、相手方の意思に反することになるという面は否定できず、捜査機関による秘密録音が強制処分にあたるか否かは、これにより重要な権利・利益が侵害ないし制約されると評価するか否かによって決せられることになると思われる。

　そうすると、自己の言葉を録音するか否かを決定する権利を人格権又はプライバシーの権利の内容と捉えるＢ説の立場からすれば、捜査機関による秘密録音は、重要な権利を侵害ないし制約するものとして強制処分にあたると考えるのが自然であろう。

　他方、秘密録音によるプライバシー侵害は潜在的なものにとどまるとの考えを基調とするＡ説及びＣ説によれば、重要な権利を侵害ないし制約するものとはいえず、強制処分にはあたらないことになろう。

　さらに、録音されないことに対する期待自体に一定の価値を認めるものの、プライバシー権の主要な要素である会話内容の秘密性の侵害がないと考えるＤ説の立場からも、完全な意味でのプライバシー権の侵害はないとして、強制処分とまではいえないと解することになると思われる（井上正仁「強制捜査と任意捜査の区別」井上正仁・酒巻匡編『刑事訴訟法の争点』（有斐閣、2013年）54頁。ただし、椎橋隆幸「捜査の科学化」ジュリ852号（1986年）87頁は、Ｄ説に立つと思われるが、捜査機関による秘密録音は、令状主義の規律の下に認められるべきとする）。

(iii)　検討

　たしかに、会話が録音されていることを前提にした場合、そうでない場合に比して、より慎重な発言をするのが通常であると考えられ、秘密録音がプライバシーへの期待や自由な表現への一定の侵害ないし制約となることは否定できないところである。しかしながら、両当事者の同意のない通信や会話の傍受の場合には、会話内容の秘密といったプライバシーの核心部分を侵害するものであるのに比べると、秘密録音により侵害される権利・利益の重要性は高くなく、強制処分とするほどのものではないとするのが相当ではなか

ろうか。そのように考えた場合、捜査機関による秘密録音は任意捜査の範疇にあることになる。

[2] 任意捜査としての秘密録音の限界
　捜査機関による秘密録音が任意捜査であるとすると、刑事訴訟法に根拠規定がなくても許されることになる。もっとも任意捜査であるからといって無制約に許されるわけではなく、前記最三小決昭51・3・16によれば、必要性・緊急性などをも考慮した上、具体的な状況のもとで相当と認められる限度において許容されるという基準によって、それが適法となるか判断すべきことになる（青沼・前掲参照）。それでは、この秘密録音という捜査類型においては、実務上、どのような枠組でその適法性が判断されているであろうか。
(i) 裁判例
　ア　秘密録音についての最高裁の判例としては、次の2件が挙げられる。
①最三小決昭56・11・20刑集35巻8号797頁
　被告人が検事総長を名乗って、当時の内閣総理大臣に電話をかけ、勾留中の前内閣総理大臣の処分につき直接判断を仰ぎたい旨述べるなどしたという、いわゆる「偽電話事件」といわれる軽犯罪法違反被告事件で、被告人が、報道を目的として新聞記者に聴かせた上記偽電話の録音テープの再生音や被告人とその記者との会話の内容をその記者が被告人に無断で録音したテープ2本が問題となった事案であり、当該事情の下では、対話者の一方が会話やその場の状況を録音することは、たとえそれが相手方の同意を得ないで行われたものであっても、違法ではないと判示されている。
②最二小決平12・7・12刑集54巻6号513頁
　被告人が取引先の広告代理店を経営する被害者に対し、虚偽の説明をして小切手を詐取したという詐欺被告事件において、被告人から詐欺の被害を受けたと考えた被害者が、被告人の説明内容に不審を抱き、後日の証拠とするため、被告人と電話で話した会話を密かに録音したテープが問題となった事案であり、このような場合に、一方の当事者が相手方との会話を録音することは、たとえそれが相手方の同意を得ないで行われたものであっても、違法ではないと判示されている。
　イ　いずれの判例も私人による秘密録音に関する事例である上、当該事例の事情のもとで行われた秘密録音は適法であると判示しているのみであり、

その理由は述べられておらず、何らかの基準を示しているわけでもない。
　そして、各事案の事実関係を検討すると①の事案は、被告人が録音を容認ないしは秘密性を放棄していると評価でき、あるいは新聞記者の正当な取材活動の範囲内ともいえるものであり（長岡・前掲79頁）、②の事案も、広い意味での自衛行為と評価でき、被害者が不当な手段を用いているわけでもなく、録音されないことについての期待が強く認められる場合ではないことから（稗田・前掲168頁）、前記Ａ説及びＣ説のみならず、Ｄ説によっても、秘密録音の適法性が肯定される事案と思われ、いずれもＢ説に立つものではないと評価できるが、それ以外のどの見解に立つかは明らかでない（佐藤・前掲271頁、稗田・前掲169頁）。
　したがって、任意捜査である捜査機関による秘密録音の適法性を判断するための実質的な枠組を、これら判例から導くことはできないと思われる。
　ウ　捜査官による秘密録音についての最高裁判例はないが、下級審裁判例としては以下のものがある。
③東京地判平２・７・26判時1358号151頁
④千葉地判平３・３・29判時1384号141頁（判例百選〔第９版〕11事件）
　これらは関連事件についての裁判例であって、いずれも、各被告人において、千葉県収用委員会予備委員ないし同委員会委員方に電話をかけ、その職を辞させるため脅迫したという職務強要被告事件であり、各公判において、検察官が、録音された各脅迫電話の声と、警察官が捜索差押許可状により捜索した際に密かに録音した各被告人の声が同一であるとして、その録音テープ及び声紋鑑定書等の証拠調べ請求をしたため、警察官による各被告人の声の秘密録音の適法性が問題となったものである。
　エ　③及び④は、いずれも警察官による秘密録音を適法としたが、③は「対話者の一方が相手方の同意を得ないでした会話の録音は、それにより録音に同意しなかった対話者の人格権がある程度侵害されるおそれを生じさせることは否定できないが、いわゆる盗聴の場合と異なり、対話者は相手方に対する関係では自己の会話を聞かれることを認めており、会話の秘密性を放棄しその会話内容を相手方の支配下に委ねたものと見得るのであるから、右会話録音の適法性については、録音の目的、対象、手段方法、対象となる会話の目的、対象、手段方法、対象となる会話の内容、会話時の状況等の諸事情を総合し、その手続に著しく不当な点があるか否かを考慮してこれを決めるの

が相当である。」と判示した上で、当該事案では、警察官による録音は、その手続に著しく不当な点は認められず、適法であると認められると判断したのに対し、④は「相手方が機械により正確に録音し、再生し、さらには話者（声質）の同一性の証拠として利用する可能性があることを知っておれば当然拒否することが予想されるところ、その拒否の機会を与えずに秘密録音することが相手方のプライバシーないし人格権を多かれ少なかれ侵害することは否定できず、いわんやこのような録音を刑事裁判の資料とすることは司法の廉潔性の観点からも慎重でなければならない。したがって、捜査機関が対話の相手方の知らないうちにその会話を録音することは、原則として違法であり、ただ録音の経緯、内容、目的、必要性、侵害される個人の法益と保護されるべき公共の利益との権衡などを考慮し、具体的状況のもとで相当と認められる限度においてのみ、許容されるべきものと解すべきである。」と判示した上で、当該事案では、電話による脅迫という事案の内容、嫌疑の程度、被告人が相手が警察官であることや被疑事実を了知した上で会話に応じていること、会話が内密性のある内容ではないこと、警察官は被告人に強いて発言させるために強制や偽計等の手段を用いていないことなどの事情を総合して、例外的に当該秘密録音を相当と認めて許容すべきと判断したものである。

(ⅱ) 検討

このように任意捜査である警察官による秘密録音について、③は、前記Ｃ説（留保付合法説）に沿った枠組で判断しているのに対し、④は、前記Ｄ説（利益衡量説）に沿った枠組で判断していると評価できると思われる。

この差異は、会話の一方当事者がその会話内容を記憶に基づき無断で他に漏らす場合と、会話内容を相手方に無断で録音の上これを他に漏らす場合との間に質的な違いを認めるか否かの点から生じていると考えられ、③は、会話の秘密性を相手方に委ねている以上、いずれも一般的に違法とする根拠に乏しいと判断しているのに対し、④は、後者は前者に比し、会話の自由やプライバシーが大きく損なわれるから、プライバシー侵害の脅威という点で質的に異なり、原則として違法とすべきと判断していると解される（杉田宗久「秘密録音」判例百選〔第６版〕９事件）。

しかしながら、③のようにＣ説の立場を採り、秘密録音が原則として合法だと解したとしても、任意捜査としての秘密録音の限界を検討する上では、前記のとおり、最三小決昭51・3・16による基準に従うことになり、嫌疑の

存在、秘密録音の必要性及び手段の相当性等の事情を考慮せざるを得ない。そうすると、秘密録音を原則として違法としながらも、正当な事由があり、会話がプライバシーを期待し得ないような状況でなされるものであるときには、例外を認めるＤ説の立場を採った場合と、判断要素はほぼ同様のものとなると思われ、いずれの立場を採るにしろ、実務的には、具体的事案に即して、それら判断要素を総合的に判断し、捜査機関による秘密録音の適法性を判断していくことになろう。

そのため、いずれの立場を採るかによって、現実の事案の解決に大きな違いは生じないのではないかとの指摘があり（杉田・前掲等）、実際、③及び④は、録音の対象が声紋鑑定等のための音声であり会話の内容ではなかったことや、録音の対象者において会話の相手が当該事件を捜査中の警察官であるとの認識があったことなどの点でやや特徴的な事案ではあったとはいえ、基本的な立場を異にしながらも同様の結論に至っているのである。

〈参考文献〉　本文中に掲げたもののほか
・岩尾信行「秘密録音」判例百選〔第9版〕11事件。
・安村勉「電話検証」判例百選〔第9版〕34事件。
・川出敏裕「相手方の同意を得ない会話録音」別冊判例タイムズ26『警察基本判例・実務200』〔2010年〕81頁。
・稗田雅洋「秘密録音」判例百選〔第8版〕11事件。
・同「通話内容の傍受の可否」平野龍一・松尾浩也編『新実例刑事訴訟法〈1〉捜査』（青林書院、1998年）17頁。
・辻裕教「通信・会話の傍受」三井誠・佐藤博史・馬場義宣・植村立郎編『新刑事手続Ｉ』（悠々社、2002年）367頁。
・池田修・飯田喜信・最判解平成11年度220頁。
・小早川義則「令状執行時の秘密録音の適法性」法セミ452号（1992年）139頁。
・同「会話録音の適否と声紋鑑定・言語学鑑定の証拠能力」平成2年度重要判例解説172頁。

第4章

別件逮捕・勾留と余罪取調べ

有賀貞博 大分地方裁判所部総括判事

1 はじめに

(1) 別件逮捕・勾留とは、ある被疑事実（本件）について被疑者を逮捕・勾留するだけの嫌疑が十分でない場合に、その被疑者に対する別の被疑事実（別件）で逮捕・勾留し、それを専ら本件についての取調べに利用する捜査手法を意味する。

裁判例で別件逮捕・勾留が問題とされたのは、本件は重大犯罪で、別件は比較的軽微な場合がほとんどである。

このような捜査手法については、①別件を被疑事実とする逮捕・勾留が違法となるか、②別件逮捕・勾留中に本件の取調べが可能か、③別件による逮捕・勾留後に本件による逮捕・勾留が許されるか、が議論されてきた。

(2) 判例は、いわゆる狭山事件に関する最二小決昭52・8・9刑集31巻5号821頁が、「第一次逮捕・勾留が、専ら、いまだ証拠の揃っていない『本件』について被告人を取調べる目的で、証拠の揃っている『別件』の逮捕・勾留に名を借り、その身柄の拘束を利用して、『本件』について逮捕・勾留して取調べるのと同様な効果を得ることを狙いとしたものである、とすることはできない」として、別件による逮捕・勾留も、その間の本件の取調べも適法と判断しているが、具体的な別件逮捕・勾留について違法であるとの判断をした最高裁判所の判例はない。

2 別件による逮捕・勾留の適法性

(1) まず問題となるのは、別件についての逮捕・勾留が違法となるかである。

別件逮捕・勾留が行われる場合、前述のように別件は比較的軽微な事件であることが多く、別件自体について逮捕・勾留の理由ないし必要性が欠けているのであれば、別件についての逮捕勾留が違法であることは明らかである。

問題は、別件自体についてみれば、一応逮捕・勾留の理由及び必要性が認められるが、捜査機関の目的が専ら本件に関する取調べにあり、別件による逮捕・勾留が本件の取調べに利用されるような場合に、このような逮捕・勾留が違法ではないのか、という点にある。

(2) この点について、学説上は、別件逮捕・勾留の適否を、本件を基準に決しようとする見解（本件基準説）と、別件を基準とすべきとする見解（別件基準説）とに見解が分かれている。

本件基準説は、逮捕・勾留が実質的に本件によるものと評価される場合には、別件について逮捕・勾留の要件を具備していても、逮捕・勾留が違法となるとする見解である。この見解では、別件自体について逮捕・勾留の要件を具備していても、別件による逮捕・勾留の請求が却下されることがあるし、事後的に逮捕・勾留が違法と評価されることもあり得ることになる。本件基準説に対しては、捜査機関の令状主義潜脱の意図を強調し、当該逮捕・勾留が別件を基礎としている点を軽視している点に疑問があるとの批判がされている。

これに対し、別件基準説は、逮捕・勾留が適法か否かは、逮捕・勾留の理由とされた別件について、その要件を具備しているかどうかによって判断されるとする見解である。この考え方を貫けば、別件について逮捕・勾留の要件がある以上は、別件による逮捕・勾留を認めることになるし、事後的にも別件による逮捕・勾留が違法と評価されることはないことになる。別件基準説については、別件による逮捕・勾留の違法性の問題をすべて別件の逮捕・勾留の要件の有無に帰着させる点に疑問があると批判されている。

令状請求時に本件を基準に別件の逮捕・勾留の適法性を判断することは困難であり、本件基準説も、捜査機関が別件による逮捕・勾留を本件の取調べに利用する意図があったとか、別件による逮捕・勾留が実際に本件の取調べ

に利用されたというだけで、別件による逮捕・勾留が違法となるとするわけではない。捜査機関の意図、別件と本件の取調べ時間の比率、別件と本件の関連性の有無、別件についての逮捕・勾留の理由と必要性の程度等の要素を総合的に考慮し、実質的に本件による逮捕・勾留と評価される場合に、別件による逮捕・勾留を違法とするのである。

　他方で、別件基準説でも、上記のような評価がされる場合には、別件について逮捕・勾留の必要性が欠けていたとする考え方が有力であり、両説の実際上の結論の差異はそれほど大きなものではないと考えられている。

　(3)　以上に対し、逮捕・勾留が別件と本件のいずれのために用いられたかを基準に、逮捕・勾留の適否を判断すべきとする見解もある。この考え方は、逮捕・勾留による身柄拘束期間を、被疑者の逃亡及び罪証隠滅を阻止した状態で、起訴・不起訴の決定に向けた捜査を行うための期間であると捉えた上、身体拘束の期間が別件の捜査のためにはそれほど利用されておらず、主として本件のために利用されている場合には、別件による身体拘束としての実体を失い、本件による身柄拘束となっていると評価すべきとし、その場合には、別件による逮捕・勾留は、本件による身柄拘束と評価される範囲で違法となるとする。

3　別件逮捕・勾留中の本件取調べ

　(1)　別件についての逮捕・勾留が違法と評価される場合には、その間の本件についての取調べが違法であることにはほぼ争いがない。

　この場合と異なり、別件による逮捕・勾留が適法と評価される場合に、余罪である本件に関する取調べが許されるのか、許されるとしてどこまで許されるのかについては見解が分かれている。

　(2)　この別件逮捕・勾留中の余罪取調べの問題を議論する前提として、逮捕・勾留されている被疑者に取調べ受忍義務があるかどうかが議論されてきた。

　この点に関し、取調べ受忍義務を否定することを前提に、別件・本件のいずれについても、取調べ受忍義務を課さない限りで取調べを行うことができるとする見解もある。

　ただ、実務上は、刑訴法198条1項但書が「被疑者は、逮捕又は勾留され

ている場合を除いては、出頭を拒み、又は出頭後、何時でも退去することができる」と規定していることから、勾留されている被疑者には出頭義務があり、かつ出頭したならば取調べ受忍義務があって勝手には退去できないと解されている。接見拒否に関する国家賠償が問題となった最大判平 11・3・24 民集 53 巻 3 号 514 頁が、「身体の拘束を受けている被疑者に取調べのために出頭し、滞留する義務があると解することが、直ちに被疑者からその意思に反して供述することを拒否する自由を奪うことを意味するものでないことは明らかである」と判示していることからしても、実務的には、出頭及び滞留義務としての取調べ受忍義務が否定されることはないように思われる。

(3) 逮捕・勾留されている被疑者に取調べ受忍義務があることを前提にする立場には、余罪である本件についても取調べ受忍義務が認められるとする非限定説と、取調べ受忍義務は逮捕・勾留の基礎となった別件についてのみ認められるとする限定説とがある。

非限定説は、①刑訴法 198 条 1 項但書は、被疑者が逮捕又は勾留されている事実について何ら限定していないこと、②同条項は同法 223 条 2 項により第三者の取調べに準用されているが、被疑者以外の者が当該被疑事実について逮捕・勾留されていることは考えられないこと、③逮捕・勾留は取調べを目的とするものではないから、逮捕・勾留の可否を判断する際に用いられる事件単位の原則は取調べの範囲を限定する根拠とはなり得ないこと、④取り調べる事実ごとに受忍義務を課した取調べか任意の取調べかを区別することは捜査現場の実情にそぐわないこと、などを理由としている。

限定説は、逮捕・勾留は裁判所による被疑事実の審査を経て認められるのであるから、被疑者が取調べ受忍義務を負う範囲も、裁判所の司法審査により嫌疑の存在が認められた事実、すなわち、逮捕・勾留の基礎となった事実に限定されるべきであることを理由とする。

もっとも、限定説の立場でも、本件について被疑者を取り調べることが一切許されないわけではなく、任意の本件取調べは許容され、本件の被疑事実と供述拒否権及び弁護人選任権が告げられ、本件についての出頭義務と取調べ受忍義務のないことが告知されるという配慮がされているときは、任意の取調べと推認してよいとする見解も有力である。

ほかに、余罪である本件の取調べが、具体的状況の下において令状主義を潜脱するといえるような場合には、違法になるとする見解もある。

4　本件による逮捕・勾留の適法性

(1)　別件による逮捕・勾留が違法とされる場合、すなわち、本件による逮捕・勾留が別件による逮捕・勾留と実質的に同一の被疑事実について再勾留したと認められる場合には、本件による逮捕・勾留は許されないと考えられている。別件による逮捕・勾留が実質的に見て本件による逮捕・勾留と評価できるときは、その後の本件による逮捕・勾留は、実質的に見ると本件による逮捕・勾留の蒸し返しと評価できる、とするのである。

また、違法な逮捕・勾留中に得られた被疑者の供述調書は、違法収集証拠として証拠排除されるから、本件についての逮捕・勾留請求の疎明資料とすることが許されなくなり、当該供述調書を除けば犯罪の嫌疑が認められないという場合には、本件についての逮捕・勾留の要件を欠くということになる。

(2)　別件による逮捕・勾留が適法であった場合も、別件逮捕・勾留中の本件の取調べが違法とされる場合は、それにより獲得された被疑者の供述に基づいて本件による逮捕・勾留がされているために、本件による逮捕・勾留が違法とされる余地がある。

また、別件逮捕・勾留中の本件の取調べが適法な場合には、その後の本件による逮捕・勾留は違法とはならないが、別件による勾留期間のうち本件に関する取調べの期間は、後の本件による逮捕・勾留の期間の一部に計上されるべきであるとする見解も有力である。

〈参考文献〉
・小林充「いわゆる別件逮捕・勾留の適否」新関雅夫ほか『増補　令状基本問題(上)』(一粒社、1996年) 211頁、同「別件逮捕・勾留中の本件取調べ」研修683号3頁。
・木谷明「別件逮捕・勾留及び余罪取り調べに関する規制の仕方について」同『刑事裁判の心──事実認定適正化の方策』(法律文化社、2004年) 63頁。
・中谷雄二郎「別件逮捕・勾留──裁判の立場から」三井誠ほか編『新刑事手続Ⅰ』(悠々社、2002年) 315頁
・川出敏裕『別件逮捕・勾留の研究』(東京大学出版会、1998年) 281頁以下、同「逮捕・勾留(3)──別件逮捕・勾留」警察学論集67巻3号 (2014年) 133頁。

- 酒巻匡「別件逮捕・勾留と余罪取調べ」判例百選〔第 7 版〕40 頁、同「供述証拠の収集・保全(3)」法教 290 号（2004 年）77 頁。
- 佐藤隆之「別件逮捕・勾留と余罪取調べ」判例百選〔第 8 版〕40 頁
- 長沼範良「別件逮捕・勾留と余罪取調べ」判例百選〔第 9 版〕38 頁。
- 堀江慎司「別件逮捕・勾留と余罪取調べ」判例百選〔第 10 版〕34 頁。
- 後藤昭「別件逮捕・別件勾留」松尾浩也・井上正仁編『刑事訴訟法の争点〔新版〕』（有斐閣、1991 年）60 頁。
- 原田國男「別件逮捕・勾留と余罪取調べ」松尾浩也・井上正仁編『刑事訴訟法の争点〔第 3 版〕』（有斐閣、2002 年）60 頁。
- 高田昭正「別件逮捕・勾留と余罪取調べ」井上正仁・酒巻匡編『刑事訴訟法の争点』（有斐閣、2013 年）66 頁。
- 鹿野伸二「別件逮捕・勾留」高麗邦彦ほか編『令状に関する理論と実務Ｉ（別冊判例タイムズ 34 号）』（判例タイムズ社、2012 年）37 頁。

第5章
捜索差押許可状を巡る問題点

虎井寧夫　弁護士

1　捜索差押許可状発付実務の概要

[1] 捜索差押えは、捜査段階と公判段階のものがある。捜査段階の捜索差押えは、捜査官が捜査に必要と考えるときに、簡易裁判所又は地方裁判所等の裁判官に令状発付を請求し、裁判官は、捜索許可状、差押許可状を発付する（刑訴法218条、222条1項、99条1項、102条。なお、捜索差押許可状は2種類の令状を合体して1通にしたものである）。以下、裁判所については、簡裁、地裁などと略称し、刑事訴訟法は「刑訴法」又は単に「法」と略記する。

　捜索、差押え令状は、各種令状の中でも、圧倒的に数が多いもので、事件解明の端緒あるいは初動捜査において極めて重要な役割を果している。これは人の住居の平穏、営業活動の自由、プライバシー等市民の権利、利益を侵害するものだから、令状の発付には慎重な配慮が必要である（憲法35条）。

[2] 公判段階の捜索差押えは公判裁判所が行うが（刑訴法99条1項、102条）、実際には滅多に行われない。

　なお、事件が起訴された後第1回公判期日前において、未押収の証拠の存在が判明することがある。公判裁判所は、審理が始まるまでは、事件についての予断を避けるべきなので（同256条6項）、この場合は捜査段階と同様に簡裁等の裁判官に令状を請求する（同219条、218条）。

　稀に「第1回公判後」の刑事事件や家裁送致後の少年事件でも、実質審理に入る前の段階では、簡裁等の裁判官に令状が請求されることがある。この

場合は、東京簡易裁判所では、公判裁判所の意向を聴いた上で、差し支えなければ、第1回公判前の請求と同様に令状を発付していた。

[3] 同じ捜索差押えでも、個人の住居に踏み込む捜索差押えを許可するのは抵抗感がある。まして第三者の住居ならなおさらである。ところで、近年は、携帯電話の普及に伴い、これが市民の日常生活において不可欠の道具となっているが、犯罪行為も、特に共犯事件では、携帯電話抜きで行われることはほとんどないといってよいだろう。このような携帯電話の通話記録あるいはメール記録は、現代のプライバシーの象徴ともいえるもので、これに対する差押許可状の請求件数は極めて多い。しかし、差押えの対象が電話番号の記録ということになると、深刻さが異なるようで、捜査官の令状請求もいささか安易さを感じることがある。例えば、事件当事者ではないが、事件の周辺にいる者について、「念のため通話記録の差押えを請求しておこう」ということもあるので、裁判官は人権感覚を研ぎ澄ましておく必要がある。

[4] 捜索には、被疑者の身体、物、住居その他の場所に対するものと、被疑者以外の者（以下「第三者」）のそれに対するものがある。
　刑訴法は、被疑者については、「必要があるときは……捜索することができる」（刑訴法222条1項、102条1項）としている。被疑者の場合は、犯罪事実から情状事実まで、裁判に役立つと考えられる証拠物を幅広く捜索し差し押さえるのが普通である。これに対し、第三者については、「押収すべき物の存在を認めるに足りる状況のある場合に限り捜索をすることができる」（同222条1項、102条2項）として、令状発付に格段の慎重さを求めている。この場合は、被疑者の犯罪事実に関し、その関係者として、同人が持っていると認められる裏付証拠を捜索し差し押さえるものである。したがって、捜査官には、第三者の住居等から何を差し押さえるかが絞り込まれていなければならないはずである。この場合でも、被疑者と同様に幅広い証拠物を差し押さえるのでは、第三者に対する人権侵害の程度が大きくなる。また、併せて「第三者の犯罪」を視野に入れた強制捜査を許すことにもなりかねない。
　しかし、捜査の実情は、残念ながらこの違いが余り考慮されていないように感じられる。このことは、対象者が被疑者でも第三者でも、令状請求書の「差押えるべき物」の記載内容が同じである点に表れている。その問題点を

考えてみよう。

上記のように、第三者方住居等の捜索差押えは、被疑者又は被告人の場合と異なり、「証拠物が存在する蓋然性が高い」という要件を充足しなければ捜索等は許されない。

では、この要件は、第三者の住居等に対する捜索開始の要件に止まるのか、それとも「差押えるべき物」の範囲についても、存在する蓋然性の高い証拠物だけに絞ることを求めているのだろうか。

通常、被疑者の住居等に対する捜索差押許可状の「差押えるべき物」に記載されている物は、①存在が立証されている物、②存在することが状況から推認される物、③存在する可能性がある物に分類できると考えられる。私は、第三者の住居等の捜索差押許可状の場合には、同人の立場を考慮すれば、上記①と②の証拠物に絞るべきだと思う。しかし、令状請求書には、ほとんどの場合、被疑者でも第三者でも同様に広範な内容の「差押えるべき物」を記載しているのが現状である。

2 捜索差押許可状を巡るいくつかの問題点

[1] 捜索令状の対象と時間的範囲

(i) 令状記載の捜索場所にいた捜索対象者以外の人物の身体、所持品への強制的な捜索は可能か。

ア 憲法35条2項は、「捜索又は押収は、……各別の令状によりこれを行う」と定め、これを受けて刑訴法219条1項では、「(捜索)令状には……捜索すべき場所、身体若しくは物」を記載しなければならないと規定している。捜索差押許可状には、捜索対象である場所、人の身体、物のいずれかを特定明示し、捜索対象毎に各別の令状が必要である（ただ、同一場所等における複数の押収対象物については1通の差押え令状で良いと解されている）。一般令状を禁止し、捜索令状の捜索対象を限定することにより、裁判官ひいては捜査官に対しても個々の捜索の必要性を十分に吟味させ、令状の執行においてもその結果を明確にさせて、市民に対する人権侵害を最少にしようとするものと考えられる。

捜索場所の特定について考えてみても、仮に被疑者が居場所を変える可能性があるからといって、捜索場所をいくつかの場所を包含するような曖昧

記載にすることは許されない。

　例えば、コントロールドデリバリー捜査においては、違法薬物が入った小包の配達先である家屋を捜索する場合、捜索場所を「○○市中央１丁目２番地▲▲方家屋」などと特定するのが普通だが、被疑者が途中で配達先を変更することがあってもこれに対応できるように、「本件小包の配達先の家屋」というように捜索場所を抽象化することは、令状実務では許されないとされている。

　まして、ある場所に対する捜索差押許可状が執行された際に、偶々その場所にいた者の身体を強制的に捜索するのは、無令状捜索となり許されないのが原則である。

　イ　ただ、例外的に、上記捜索現場にいた者の身体に、場所に対する捜索差押許可状の効力が及ぶことがある。すなわち、若干ニュアンスの違いはあるが、捜索場所にいた者が、その場にあった捜索対象物をポケット等に隠して持ち出そうとしたと認められる場合、あるいはそのように疑うに足りる合理的理由がある場合は、同人の身体に対する捜索が肯定されるというのが多くの学説の見解だと思われる（詳しくは、河上和雄ほか編『大コンメンタール刑事訴訟法〔第２版〕第２巻』〔青林書院、2010年〕353頁以下〔渡辺咲子〕、髙麗邦彦・芦澤政治編『別冊判例タイムズ35 令状に関する理論と実務Ⅱ』〔判例タイムズ社、2013年〕148〔平木正洋〕参照）。これと同旨の裁判例としては、東京高判平成６・５・11判タ861号299頁がある（その場にいた「者が着衣・身体に差押えるべき物を隠匿所持していると疑うに足りる相当な理由がある」等の場合には、着衣・身体の捜索ができるとする）。なぜなら、もし、捜索場所にあった差押え対象物を、その場にいる者が持ち出すという妨害行為を許せば、捜索差押えの目的を達することができないからである。

　ウ　なお、捜索場所に置かれていたバッグの場合は、前記の考え方のほかに、そのバッグが同場所に包摂され、捜索の対象になると考えることも可能である。バッグの捜索については、最高裁は、警察官が、被疑者甲に対する覚せい剤取締法違反容疑で甲及び内縁の夫乙が居住するマンションの居室を捜索場所とする捜索差押許可状の発付を受け、捜索を実施した際、同室にいた乙が携帯するボストンバッグの中を捜索したという事案で、「右のような事実関係の下においては、前記捜索差押許可状に基づき被告人（乙）が携帯する右ボストンバッグについても捜索できるものと解するのが相当である」

と判示した（最一小決平成6・9・8）。

　この判決には、その詳細な理由付けがないため、前記のように、同人の捜索妨害行為を疑う合理的理由があると判断したのか、ボストンバッグが捜索場所に包摂されると見たのかは、必ずしも明らかではない。ただ、前者の観点に立った場合、捜査官がその場にいた者が捜索妨害の意思でバッグを持ち出そうとしたかどうかを認定するのは微妙な問題がありそうである。

　令状実務では、被疑者の居宅に家族が同居している場合は、捜索対象をできるだけ被疑者自身の居室及び家族共用の部屋に限定し、事件に関係がない家族の個室は捜索対象から除外するようにしている。ただし、仮にバッグが被疑者以外の家族の所有物であっても、捜索対象の部屋に置かれている限りは、その部屋の使用者の管理下にあり、その場所に包摂されるものとして捜索差押えの対象になると解して良いと思われる（判例百選〔第9版〕21事件〔宇藤崇〕参照）。

(ⅱ)　捜索差押許可状執行中に捜索場所に持ち込まれた物の捜索差押えはできるか。

　ア　捜索差押許可状執行中に捜索現場に配達された物の捜索差押えはできるか。

　単純な殺人罪など事件の性格から、令状発付時以前に存在した物でなければ証拠価値がない場合ならば、事後的に同所に搬入された物は、被疑事実との関連性がないといえるだろう。

　しかし、犯罪には薬物犯罪の営業犯のように既遂になった後も取引が継続していることもあるし、また、犯罪の主観的要素については、被疑事実の時点以降に生起した事実も間接事実になりうるので、裁判官もこれを含めて差押えを許可していると考えられる場合がある。したがって、そのような事件では、令状による捜索開始後に、被疑者宛の配達物を同人が受領した結果、これが捜索場所である被疑者の居室に包摂されたと考えられれば、これを捜索することができる。

　最一小決平成19・2・8も、次のように判示している。すなわち、警察官が、被告人に対する覚せい剤取締法違反被疑事件につき、捜索場所を被告人（当時の被疑者、以下同じ）方居室等、差えるべき物を覚せい剤等とする捜索差押許可状に基づき、被告人立ち会いの下に上記居室を捜索中、宅配便の配

達員によって被告人あてに配達され、被告人が受領した荷物について、警察官においてこれを開封したところ、中から覚せい剤が発見されたという事案について、「所論は、上記許可状の効力は、令状提示後に搬入された物品には及ばない旨主張するが、警察官はこのような荷物についても上記許可状に基づき捜索できるものと解するのが相当である」と述べている（判例百選〔第9版〕22事件〔緑大輔〕参照）。

イ　捜索場所に配達物が搬入されるのを待って、同場所の捜索を開始するのはよいのだろうか。

例えば、違法薬物のコントロールドデリバリー捜査は、捜査官が、違法薬物の輸入等の犯罪を認知しながら、国内での配送状況を監視して犯人を検挙する捜査であるため、国内の輸入犯の可能性のある配達先の者の受取り行為も含めて重要な証拠になる。したがって、そのための上記のような捜査方法も肯定されている。

[2] 第三者に対する捜索を巡る問題点

(i)　「捜索場所にいる氏名不詳者の身体、所持品」を捜索の対象とする令状発付は可能か。

ア　前記[1](i)で示した判例があっても、具体的な事件で、偶々捜索現場にいる人の身体、所持品に対し捜索が許されるかどうかは、事例により微妙な問題がある。そこで、捜査官は、特定場所に対する捜索差押許可状に併せて、「捜索場所にいる者の身体、所持品」に対する同令状を請求することがある。

イ　しかし、この令状請求には、捜索対象である「人の身体」の特定について問題がある。

刑訴法は、処分対象者が氏名不詳の場合には、具体的な人物の人相、体格その他人を特定するに足りる事項（通称、年齢、服装など）を求めている（刑訴法219条3項、64条2項）。この規定は捜査で浮かんだ具体的な人物のイメージを念頭に置いて、これに合う人物の要素を令状に掲げその者を特定することを想定しているのだろう。しかし、組織的薬物犯罪など現在進行中の犯罪に対する捜査は、そこまでの予備的捜査ができていない段階で捜索差押許可状を請求することもあり、また、その性質上氏名不詳の対象者の具体的イメージがないこともある。そこに、論理的に想定される条件で対象者を絞ろ

うというアイデアが生まれる理由がある。

では、設問に戻って、特定の捜索場所に関し「捜索時に同所にいる者の身体、所持品」という特定で足りるだろうか。一見このような方法でも、捜索対象としての人物を特定できそうだが、私は次のような理由で消極に考える。

　a　偶々その場にいただけで、被疑事件と関係のない者を排除することはできず、第三者の身体捜索の要件（刑訴法102条2項）が充足されないので、そのような者の身体に対し捜索許可状を発付する正当な理由（憲法35条1項）がない。

　b　また、1通の令状によって複数の人物の身体が捜索の対象にされてしまう可能性がある。これは、捜索令状の各別発付の規定（憲法35条2項）に反する。

　ウ　では、どの程度捜索対象を特定すればよいのだろうか。

そこで、捜査官は、同種捜査の経験から、被疑事件への協力的態度等を示す事実を抽出し、捜索場所にいて、そのような行為をした者を捜索対象者とする令状請求の仕方を編み出した。例えば、(ｱ)違法薬物のコントロールデリバリー捜査において、薬物の配達先家屋に対する捜索差押許可状を請求し、併せて「その家の玄関の外に出て法禁物の配達を受けた者」又は「法禁物の配達を受けるやこれをそのまま他所に持って行こうとした者」について、その者の身体の捜索差押許可状の発付を得たいというものである。

もとより、捜索場所である家にいた者が、玄関で法禁物である小包を受け取ってその家の中に戻った後に、捜査官がその家に入り捜索差押許可状の執行をするのが普通だが、中には、その者が薬物の小包を受け取るために玄関の外に出てきて、捜査官が上記のように捜索差押えのために家に入ることを防ぎ、状況によっては小包を持ち去ろうとする場合が実際にあるということである。

この方法は、捜索現場にいる者の中から、被疑者又はこれに近い者と考えられる具体的条件を示すことによって、事件と無関係の人物を極力排除しつつ、他方では「押収すべき物」を所持する蓋然性が高いことを浮き彫りにしようとする試みと思われる。

また、(ｲ)「郵便局に配達物を取りに来た者」という条件ではどうだろうか。これも事情を知らず単に犯人から頼まれた者である場合が考えられる（例えば、「オレオレ詐欺」においてATMから現金を引き出すいわゆる「出し子」は、直ち

に詐欺の共犯者とは認められず、窃盗の容疑で逮捕されるのが普通である）。ただし、郵便局は、配達物を受取りに来た者が身分証明書を提示したり、名宛人の受領代理人であることを証明しないと配達物を渡さないということであるから、「名宛人を名乗り、又はその代理人として、郵便局に来て配達物を受け取った者」ならば、その者は名宛人（被疑者）に近い立場の者といえそうである。

(ウ)さらに、捜査の結果、配達先が薬物犯罪者のアジトで、ほとんど薬物取引関係者しか出入りしていないと認められるならば、共犯者又は刑訴法102条2項該当の第三者であることは認め易いと思われる。ただ、捜査官に、対象者の具体的イメージがないため、論理的に条件に合致しうる人物の「人数」を一人に絞り込めないとすれば令状発付の各別性の要請を充たさないという問題点が残る。

このように検討してみると、前記例(ア)では、玄関の外に配達物を受取りに出た者等はその時点で一人に特定されているし、(イ)では、郵便局に代理人と名乗って出頭した者も同様である。条件に合致する行為を認めた時点では一人に特定されているといえる。この点は、上記(ウ)の「アジトにいる者」とは異なるといえるだろう。

(ii) 被疑者不詳又は氏名不詳とする捜索差押許可状請求では、捜索対象をどのように考えたらよいか。

被疑者又は氏名が不詳の場合は3つに分けることができる。①被疑者の氏名は分からないが、スナップ写真あるいは人物の特徴により特定できる場合（被疑者氏名不詳）、②怪しい人物が浮上しているが、決め手に欠け特定できない場合（被疑者不詳）、③まだ犯人が誰だか分からない場合（同上）である。

②については、捜査官は、被疑者の認定は慎重にと指導されているためか、「被疑者不詳」としながら、ある人物を実質上被疑者として扱っていることがよくある。そういう場合には、捜査官も、本音と建前の境が曖昧で混乱していることがある。例えば、犯人と疑っているXの住居を捜索することにより、一挙に犯人を特定してしまおうと意気込んで令状請求をしたとする。しかし、まだ被疑者だと認定できない者については、まずその住居等に証拠物が存在する蓋然性を検討しなければならないので、令状発付の要件に欠けることが多い。

もとより、「被疑者不詳」あるいは「不明」でも、「犯人」がある部屋を犯行に使用したと認められれば、その部屋を捜索できるのは当然である。
　ただ、実際には、捜査官が再検討した結果、Xを被疑者と認定することで、この問題が解決する場合も決して稀ではない。

第6章

強制採尿に関する論点

行方美和　千葉地方裁判所木更津支部判事

1　はじめに

　覚せい剤等の違法薬物の使用事件においては、有罪立証のための証拠として、被告人の尿から覚せい剤等の違法薬物成分が検出された[1]という内容の鑑定書が証拠請求されるのが通例であるが、薬物使用事件は密行性が高いということもあり、鑑定書が決定的な証拠となっている[2]。捜査機関が被疑者の尿を鑑定するためには、被疑者の尿を取得する必要があるところ、被疑者が任意に捜査機関に尿を提出する場合はもとより、被疑者が排尿自体は任意に行ったものの提出を拒否した際に、差押許可状を得て取得する場合も問題はない。問題は、被疑者が排尿自体を拒否した場合であり、このような場合に捜査機関が被疑者の尿を強制的に取得する手段（以下「強制採尿」という）

---

1) 覚せい剤の代謝・排泄は、摂取量、摂取方法、使用歴、年齢、性別等種々の要因の影響を受け個人差があり、また、検査方法、検査に用いる尿量等によっても検出期間は左右されるので、覚せい剤の尿中排泄期間を一概に断定することはできないが、通常、覚せい剤摂取後30分程度から、覚せい剤を初めて使用した場合には摂取後4日目程度まで、乱用者の場合には1週間〜10日目程度まで、尿から覚せい剤が検出可能と考えられている（井上堯子・田中謙『覚せい剤Q＆A——捜査官のための化学ガイド〔改訂版〕』〔東京法令出版、2008年〕66-68頁）。
2) 覚せい剤の自己使用事案で無罪となる一つの類型として、尿の獲得過程において違法があることを理由に尿の鑑定書が違法収集証拠であるとの主張がなされ、この主張が認められて証拠として採用できなかった結果、たとえ被告人が自白していたとしても、補強証拠がないとして無罪となるケースがある。

について、刑訴法に明示的な規定はない。そこで、そもそも強制採尿は許されるのか、許されるとするとどのような令状が必要なのかという基本的な問題を検討した上で、関連する問題について検討したい。

2　強制採尿の可否及びそのために必要な令状

　従来、強制採尿は、対象者の意に反して身体内部に侵襲し屈辱感等の精神的打撃を与え人格の尊厳を害する処分であって許されないという見解もある一方、これが許容されるとした上で、いかなる令状によるべきかについては、強制処分の法律的性質、直接強制の法的根拠との関係で、①身体検査令状説、②鑑定処分許可状説、③身体検査令状と鑑定処分許可状の併用説に見解が分かれていた。①身体検査令状説は、検証としての身体検査（刑訴法218条1項）は身体の外部検査のみならず内部検査をも含み、社会通念上是認される程度の軽微な身体の損傷も許されるとする立場であり、刑訴法222条1項の準用する同法139条が直接強制の法的根拠となるという見解であるが、この見解に対しては、検証の概念が従来、対象を直接的に五官の作用により感知する行為と理解されていたことを考慮すると、身体内部に働きかけて体液を採取する行為をこれに含める点で概念を拡張しすぎるとの批判があった。②鑑定処分許可状説は、検証としての身体検査は外部検査に限定され、身体の損傷を伴う内部検査は専門的知識と技術を必要とするから性質上鑑定処分（刑訴法225条、168条1項）に属するという立場であり、刑訴法225条は文言上明らかではないが、同法172条の準用ないし類推適用を認める趣旨であると解釈して直接強制の法的根拠とする見解であるが、この見解に対しては、刑訴法の文理解釈の面でやや無理があるとの批判があった。③身体検査令状と鑑定処分許可状の併用説は、身体の損傷を伴う内部検査は鑑定処分に属するとする立場に立ちながらも、直接強制を必要とする場面では、鑑定処分許可状では直接強制が許されないことを前提として、身体検査令状に依存するとの見解であるが、この見解に対しては、行為の性質が検証でなく鑑定処分であるとして出発しておきながら、直接強制の場面で再び身体検査令状を持ち出してくるのは理論的に一貫しないとの批判があった。後記最高裁決定以前の実務の大勢は、③の併用説に立っていた。

　この点につき、最一小決昭55・10・23刑集34巻5号300頁（以下「昭和

55年決定」という）は、「被疑者に対する右のような方法（採尿につき通常用いられるカテーテル〔導尿管〕を尿道に挿入して尿を採取する方法）による強制採尿が捜査手続上の強制処分として絶対に許されないとすべき理由はなく、被疑事件の重大性、嫌疑の存在、当該証拠の重要性とその取得の必要性、適当な代替手段の不存在等の事情に照らし、犯罪の捜査上真にやむをえないと認められる場合には、最終的手段として、適切な法律上の手続を経てこれを行うことも許されてしかるべきであり、ただ、その実施にあたっては、被疑者の身体の安全とその人格の保護のため十分な配慮が施されるべきものと解するのが相当である」と判示した。そして、適切な法律上の手続については、体内に存在する尿を犯罪の証拠物として強制的に採取する行為は、捜索・差押の性質を有するものとみるべきであるから、捜索差押許可状が必要であるとした上で、同行為は人権侵害のおそれがある点では、一般の捜索・差押と異なり、検証の方法としての身体検査と共通の性質を有しているので、身体検査令状に関する刑訴法218条5項が準用されるべきであって、令状の記載要件として、強制採尿は医師をして医学的に相当と認められる方法により行わせなければならない旨の条件の記載が不可欠であると判示した。学説には、昭和55年決定の論理には強制処分法定主義に照らし強い疑問が残るのみならず、強制採尿の可否の問題が人間の尊厳の理念に照らして強制処分の限界をどう設定するのかという問題であるとすれば、それは最高裁の判定すべき事柄ではなく、国会で立法問題として検討されるべき事柄であるとの見解[3]もあるが、実務上は、捜索差押許可状（以下「強制採尿令状」という）による運用が完全に定着している。

　昭和55年決定は、強制採尿が許容されるための要件として、①犯罪の捜査上真にやむをえないと認められる場合であること、②適切な法律上の手続を経ること、③実施にあたって、被疑者の身体の安全とその人格の保護のため十分な配慮を施すことを挙げている。②は強制採尿が許されるための形式的、手続的要件に当たり、③は強制採尿を実施する段階における要請であり、実務的に問題となるのは、主として①であって、これは強制採尿が許されるための実質的要件に当たる。この要件を判断するに際しては、ⅰ被疑事件の重大性、ⅱ嫌疑の存在、ⅲ証拠としての重要性とその取得の必要性、ⅳ適当

3）川﨑英明・判例百選〔第9版〕31事件67頁。

な代替手段の不存在等の事情を考慮することになる。ⅰ被疑事件の重大性については、覚せい剤の使用（10年以下の懲役刑）は、昭和55年決定により相当重大な犯罪であるとされたため問題ないが（ジアセチルモルヒネ等の麻薬の施用も10年以下の懲役刑であり、覚せい剤の使用と法定刑が同じであるから、同様に考えられる）、酒気帯び運転（3年以下の懲役刑又は50万円以下の罰金刑）や酒酔い運転（5年以下の懲役刑又は100万円以下の罰金刑）は、違法薬物の使用より法定刑が軽く、慎重に解すべきである。ⅱ嫌疑の存在については、捜索差押許可状を請求するに際しては犯罪嫌疑の存在に関する資料の提供が求められているが（刑訴規156条1項）、実際上逮捕に先行して捜索差押えを行う必要がある場合が多いことから、その嫌疑の程度は逮捕の場合に必要とされる嫌疑より低いもので足りると解されている[4]。この点、強制採尿令状についてはやむ得ない場合に限って認められるものであることに鑑み、通常の捜索差押許可状の場合よりも高度の嫌疑の存在が必要であると解する見解もあるが、強制採尿も捜査の初動段階で行われることが多い点では通常の捜索差押と同様であって、尿の鑑定の結果が出る前に高度の嫌疑を要求するのは実際上困難であるから、嫌疑の程度としては通常の捜索差押と同様に考えてよいと思われるが、運用としては、逮捕に準じた嫌疑の程度を要求することが望ましいともいえる[5]。そして、被疑者の自白や目撃者の供述がある場合には、強制採尿令状の発付に必要な嫌疑が認められることに問題はなく、これらがない場合には、被疑者の言動、注射痕の存在、前科前歴等の事情を考慮して嫌疑の存否を判断することになる。ⅲ証拠としての重要性とその取得の必要性については、違法薬物の使用事案では、尿の鑑定書が決定的な証拠となるため、他に確実な証拠があったとしても、重要性及び必要性のいずれも肯定してよいと思われる。ⅳ適当な代替手段の不存在については、違法薬物の使用事案に関しては、ほとんどの場合に満たされるといってよい[6]。

---

4) 河上和雄ほか編『大コンメンタール刑事訴訟法　第4巻〔第2版〕』（青林書院、2012年）550頁。
5) 山本拓「強制採尿」判タ1099号（2002年）12-16頁。
6) 尿、汗、唾液、精液、毛髪いずれを資料としても覚せい剤を検査することはできるが、採取可能な資料の量、資料中の覚せい剤濃度や検出可能な期間等を考慮すると、尿が最適の資料であるとされる（前掲注1）46頁）。

3　錯乱状態に陥っている者に対する強制採尿の可否

　昭和55年決定の事案を見ると、「被告人は逮捕後尿の任意提出を頑強に拒み続けていた」と判示されていることから、被疑者が尿の提出を拒否していたケースについて論じていることが明らかであるところ、被疑者が錯乱状態に陥り、任意の尿の提出が期待できない場合に強制採尿が許されるのか問題となる。

　この点につき、最二小決平3・7・16刑集45巻6号201頁（以下「平成3年決定」という）は、「被告人は、錯乱状態に陥っていて任意の尿の提出が期待できない状況にあったものと認められるのであって、本件被疑事実の重大性、嫌疑の存在、当該証拠の重要性とその取得の必要性、適当な代替手段の不存在等の事情に照らせば、本件強制採尿は、犯罪の捜査上真にやむを得ない場合に実施されたものということができるから、手続に違法はないとした原判断は正当である。」と判示した。昭和55年決定は、任意提出の拒否を強制採尿の不可欠の前提条件としているとは思われず、任意提出を拒否しているということは、「任意の尿の提出が期待できない状況」にあることの一態様と解され、錯乱状態に陥った被疑者の場合にも、上記状況が肯認できるときは、その他の要件と総合考慮して「犯罪の捜査上真にやむを得ない」と認められる限り、強制採尿が許される[7]。もっとも、平成3年決定は、錯乱状態に陥ったことにより直ちに強制採尿が可能になるとしているわけではなく、その結果として「任意の尿の提出が期待できない状況」が肯認されなければならないとしている。このような状況が形成され、意識回復を待つことなく強制採尿を実施することが許されるかどうかは、被疑者の錯乱の程度を考慮する必要があり、錯乱の状態が強度で直ちに意識回復が望めないような場合は、意識回復を待つことなく強制採尿を実施することが許されると解される（なお、平成3年決定の事案は、医師により意識が戻るまでに2日以上かかると診断されている）。実務上も、一時的な精神錯乱者に対しては、意識の回復を待って任意提出の意思を確認する運用がなされていると思われる。

---

[7]　大谷直人・最判解平成3年度164頁。

4　強制採尿令状により採尿場所まで連行することの可否及びこれに関連する問題

[1]　前記2のとおり、強制採尿を実施するには、医師をして医学的に相当と認められる方法により行わせなければならず、同方法によるに際しては、医師が現在し、導尿という医療行為を行うのに必要な衛生設備・医療用具が用意され、かつ、被疑者の健康や名誉・恥辱感を不必要に害しないための空調や目隠し・間仕切り等の設備を備えた場所（通常は病院や警察署内の医務室）に、被疑者を連れて行く必要がある。被疑者が任意に場所の移動に応じれば問題ないが、強制採尿令状を発付するようなケースでは被疑者が移動に応じないこともままある。被疑者が身柄を拘束されている場合は、刑訴法198条1項を根拠として採尿場所への出頭を強制することができると解されるが[8]、被疑者が身柄を拘束されておらず、かつ、採尿に適する場所への任意同行に応じない場合、強制採尿令状により採尿場所へ強制的に連行すること（以下「強制連行」という）ができるか問題となる（なお、前提として、身柄を拘束されていない被疑者に対しても強制採尿が可能か問題となるが、昭和55年決定〔被疑者が身柄拘束中の事案〕の判示する強制採尿の要件に加えて、被疑者が身柄拘束されていることまでも要求する理由はないので、可能であると解されており、実務上も認めている）。

[2]　学説の中には、強制連行を認めると事前の司法審査なく身柄連行という人身の自由の制約を認めることになるが、このような解釈は憲法33条、35条、刑訴法197条に違反するものであるなどとして、強制連行を否定する見解（消極説）もある。他方で、強制連行を認める積極説の中でも、その法律上の根拠をどう見るかによって、①強制採尿令状に含まれる当然の内容として、又は令状の付随的な効力として、採尿場所まで被疑者を連行することができるとする「令状効力説」、②強制採尿令状が捜索差押許可状の一種であることから、対象者を採尿場所まで連行する措置は、捜索差押処分の際の「必要な処分」（刑訴法222条1項によって準用される同111条1項）の内容

---

[8]　刑訴法198条1項の規定を根拠とすることに疑問を呈する見解もある（井上正仁『強制捜査と任意捜査〔新版〕』〔有斐閣、2014年〕146-147頁、松田岳士・判例百選〔第9版〕32事件69頁）。

に含まれるとする「必要な処分説」、③強制採尿令状に採尿場所を明示したり又は強制連行を許可する旨の記載のある場合に連行を認める「令状記載説」に分かれていた。①令状効力説は、昭和55年決定が「医師をして医学的に相当と認められる方法により行わせなければならない」旨の条件の記載を義務付けた点を重視し、これを根拠に採尿場所までの強制連行を認めるものであるが、この説に対しては、この条件の記載は、対象者の利益を保護するためのものであり、身柄の連行という採尿自体とは異質の不利益処分の根拠とするのはその趣旨に反するという批判がある。②必要な処分説に対しては、強制連行は、「錠をはずし、封を開き」のように刑訴法111条1項の例示する捜索差押の実行に密接不可分に付随する行為類型から離れるものであり、強制採尿における「必要な処分」とは、身体を押さえ付け、着衣を脱がせる程度にとどまり、強制連行まではこれに含まないものと解すべきであるとの批判がある。③令状記載説に対しては、同説にいう条件の記載は、昭和55年決定が強制採尿令状に前記条件を記載することの根拠とした刑訴法218条5項にいう「条件」の範囲を逸脱するものであるとの批判がある。なお、令状効力説と必要な処分説との間には、実質的な差異はないという見解もあるが、令状効力説によれば事前の司法審査が必要となるのに対し、必要な処分説によれば、処分の必要性ないし相当性の判断が現場の捜査官に委ねられ、事前の司法審査が予定されていないことから、この点で令状効力説との差異は小さくないと思われる。後記最高裁決定以前の下級審の裁判例は、いずれも強制連行を肯定していたが、令状効力説と必要な処分説に分かれていた。

[3] 最三小決平6・9・16刑集48巻6号420頁（以下「平成6年決定」という）は、「身柄を拘束されていない被疑者を採尿場所へ任意に同行することが事実上不可能であると認められる場合には、強制採尿令状の効力として、採尿に適する最寄りの場所まで被疑者を連行することができ、その際、必要最小限度の有形力を行使することができるものと解するのが相当である。けだし、そのように解しないと、強制採尿令状の目的を達することができないだけでなく、このような場合に令状を発付する裁判官は、連行の当否を含めて審査し、令状を発付したものとみられるからである。その場合、令状に、被疑者を採尿に適する最寄りの場所まで連行することを許可する旨を記載することができることはもとより、被疑者の所在場所が特定しているため、そこから

最も近い特定の採尿場所を指定して、そこまで連行することを許可する旨を記載することができることも明らかである」と判示し、令状効力説を採ることを明らかにした。強制連行が許容されるためには、任意同行が事実上不可能であるという実体的要件と、事前の司法審査の経由という手続的要件を満たすことが必要である。

[4] 連行の許否に関する令状の記載

平成6年決定は、強制連行の根拠を令状の効力としながら、他方で、連行することを許可する旨を記載することができることも明らかであると判示したことから、強制連行するためには、令状にその旨の記載が必要となるのではないかとも思われる。しかしながら、平成6年決定が令状効力説を採用したことからすれば、この記載が連行の根拠となるわけではなく、記載がなくとも採尿に適する最寄りの場所までの強制連行が可能であるから令状への記載は必ずしも必要ではないが、連行の許否について事前の司法審査を経ていることを明らかにする趣旨から、令状の新たな記載事項としてこのような記載をすることを認めたものと解される。実務上は、捜索差押許可状の「捜索差押えに関する条件」欄に、「強制採尿は、医師をして医学的に相当と認められる方法により行わせなければならない」という条件のほかに、「強制採尿のために必要があるときは、被疑者を〇〇所在の〇〇病院（〇〇警察署内医務室）又は採尿に適する最寄りの場所まで連行することができる」という記載をするのが一般的である[9]。

[5] 連行の際用いることができる有形力の程度

平成6年決定は、強制連行の際に必要最小限度の有形力を行使することができる旨判示しているところ、これは、警察比例の原則に照らし当然の判示ではあるが、連行行為が逮捕に類似することから、必要限度を超えて有形力が行使されたり、身柄拘束が続けられることも懸念されるため、特に注意を喚起したものと解される[10]。そして、連行の態様も、被疑者の拒絶や抵抗の程度により異なるが、腕をとり取り囲む、抵抗の激しいときは両手足をつか

---

9) 裁判所職員総合研修所監修『令状事務〔三訂版〕』（司法協会、2017年）237頁。
10) 中谷雄二郎・最判解平成6年度174頁。

み警察車両に乗せるといった方法は、社会的に相当な方法として許容されるが、逮捕と異なり、手錠等の戒具の使用は認められないし、採尿の目的を達した後（例えば、鑑定結果が出るまでの間）は、被疑者の身柄を拘束することはできないと解される[11]。

[6] 強制採尿令状による居宅内への立ち入りの可否

　被疑者が第三者の居宅内にいる場合に、強制採尿令状の効力により、捜査機関が第三者の居宅内に立ち入ることができるか問題となる。この点、逮捕状が発付されている被疑者を逮捕する場合は、人の住居等に入って被疑者を捜索することができるから、第三者の住居への捜索令状は不要である（刑訴220条1項、3項）。これに対し、強制連行は、強制採尿を実施するために必要な範囲で認められるところ、第三者の住居への強制的な立入りにより、強制採尿令状により侵害が許される人の身体の自由とは別途に住居の不可侵やプライバシー権が侵害されることになる。そして、強制採尿令状の効力により被疑者を強制連行できるのは、令状を呈示し、任意同行の説得を尽くす手続をした場所からと解される以上、令状呈示前に被疑者が第三者の居宅内に逃げ込み、第三者も立入りを承諾していない場合には、強制的にその居宅内に立ち入り、被疑者を捜索することはできないと解される。このような事態に対処するためには、逮捕状発付の要件が備わっている被疑者については、その発付を得ておくことが考えられ（ただし、大多数の薬物使用事案では、被疑者の尿から薬物成分が検出された後に逮捕状が発付されている現状に照らすと、逮捕状を事前に用意できるのは、例外的な場合に限られると思われる）、また、第三者が被疑者をかくまう状況にあることがあらかじめ疎明できる場合には、第三者の居宅内を捜索場所とし、被疑者を捜索するための捜索許可状の発付を得ておくことも考えられる。もっとも、令状を呈示し、任意同行の要請を経て適法な強制連行を開始した後、その途中で被疑者が第三者の居宅内に逃走した場合には、これを追跡し被疑者を取り押さえるためだけであるならば、その居宅内に立ち入ることも強制連行の内容として許容されると思われる[12]。なお、被疑者が自己の住居にいる場合も、住居の不可侵やプライバシー権が

---

11) 村瀬均ほか『増補　令状基本問題　下』（判例時報社、2002年）323頁。

12) 村瀬・前掲注11) 323-324頁。

侵害されるのは第三者の住居の場合と変わらないから、被疑者の承諾なく強制採尿令状により被疑者の住居内に立ち入ることはできないと解される[13]。

5　その他の問題

[1] 無令状による強制採尿の可否

　強制採尿が性質上捜索差押であるとすると、被疑者を逮捕する場合には逮捕の現場において、無令状で強制採尿を行うことが許されるか（刑訴法220条1項2号、3項）問題となるが、強制採尿の手段が人の身体内部への侵襲を伴い人権侵害の危険性があること、逮捕により身柄を確保した以上、逮捕の現場で直ちに採尿するまでの必要性は少ないこと、昭和55年決定が厳格な要件を課した上で捜索差押許可状に基づき強制採尿を認めたのは同要件の有無を裁判官に司法審査させる趣旨と解されることから、消極に解すべきである。

[2] 採取した尿を鑑定する際の鑑定処分許可状の要否

　採取した尿の成分鑑定をするために別途鑑定処分許可状が必要か問題となるが、刑訴法225条により鑑定受託者の行う処分に令状が必要とされているのは、憲法35条又はその趣旨に基づくものであると解されるところ、採取された尿は鑑定のためにのみ価値を有しているにすぎず、財産的には無価値であるといえ、これを鑑定のために使用しても被疑者の財産権等の基本的人権を新たに侵害するとはいえないから、別途鑑定処分許可状の発付を受ける必要はないと解する。

---

13) 大善文男・別冊判例タイムズ35『令状に関する理論と実務Ⅱ』〔2012年〕115頁。

第7章

接見交通に関する論点

安原 浩　弁護士

1　はじめに

　「接見交通権」という言葉は、日常用語としては余り用いられないし、法律の条文としても「接見」という言葉しか出てこない。しかし、実務上は大変大切な用語である。
　正確には、被疑者または被告人が弁護人と「立会人なくして接見し、又は書類若しくは物の授受をする」ことを意味する（刑訴法39条1項）。
　実際の事例でイメージしてみよう。

　某月某日午後8時30分頃、被疑者国選弁護人に選任されたA弁護士は、ある警察署の窓口を訪れた。そして被疑者Bに弁護士接見をしたいと申し込み、弁護士バッチを提示した。窓口の警察官は留置管理係に連絡し、被疑者との面会が可能か確認した後、留置場窓口に行くようA弁護士に促した。A弁護士は、留置場窓口に行き被留置者面会申込書（弁護人用）に記入し、面会室に入った。
　面会室はアクリル板で仕切られた狭い部屋で中央にある無数の穴の空いた部分を通じて被疑者と会話することになる。なかなか会話しにくい、聞き取りにくい構造である。
　被疑者Bは、裁判所から接見禁止決定を受けており、弁護士以外とは会えない状態であった。
　A弁護士は、被疑事実の確認や被疑者の言い分、取調の様子などを聞き

取るが、被疑者Bは、それ以外に手足のしびれがあり体調不安があることや、家族に連絡して欲しいこと、保釈が可能な時期などをA弁護士に訴えたり、質問したりした。

A弁護士は家族への連絡を約束し次回の面会予定日の見込みを告げて、面会を終了し、留置管理担当官に被告人の体調が悪い場合には医師の診察を受けさせるよう注意を促し、約40分間の接見を終えて帰った。

このように、身柄拘束中の被疑者と弁護士が留置場で会って話をすること及び文書や身の回り品などの授受をすることを「接見交通」と呼んでいる。

憲法34条前段では、身柄拘束を受けた被疑者が弁護人を選任する権利を保障しているが、この規定は、被疑者が単に弁護士を選任することができる、という当たり前のことを定めた規定ではなく、弁護人に相談し、助言・援助を受ける機会を実質的に保障するための規定と解釈されており、その趣旨を具体化するため、刑訴法39条1項は「身体の拘束を受けている被告人又は被疑者は、弁護人又は弁護人を選任することができる者の依頼により弁護人となろうする者（弁護士でない者にあっては、第31条第2項の許可があった後に限る。）と立会人なくして接見し、又は書類若しくは物の授受をすることができる。」と定め、被疑者には弁護士との「接見交通権」があることを明確に規定している。

被疑者が拘束され、とりわけ接見禁止決定により弁護士以外との面会ができない場合には、被疑者の精神的不安はきわめて大きく、今後予想される刑事手続きの内容、とりわけ取調べへの対応や身柄釈放の可能性などのほか、家族や勤め先に対する心配、体調の不安など、弁護士への相談や助言を求めたい事柄は多種多様にのぼる。

このような問いかけに可能な限りわかりやすく答えるようにし、家族とも連絡をとるなどして、被疑者からの信頼を得ながら、事件の真相や弁護方針を探っていくのが、被疑者弁護活動の中心といえる。

最一小判昭53・7・10民集32巻5号820頁（杉山判決とも呼ばれる）では「弁護人等との接見交通権は、身体を拘束された被疑者が弁護人の援助を受けることができるための刑事手続上最も重要な基本的権利に属するものであるとともに、弁護人からいえばその固有権の最も重要なものの一つであることはいうまでもない。」と、その意義が強調されている。

2 論争の始まり

　ところが、他方、このような被疑者・弁護人にとって非常に重要な接見交通権を制限することができる、との規定が存在する。
　すなわち、刑訴法39条3項は「検察官、検察事務官又は司法警察職員（司法警察員及び司法巡査をいう。以下同じ）は、捜査のため必要があるときは、公訴の提起前に限り、第1項の接見または授受に関し、その日時、場所及び時間を指定することができる。但し、その指定は、被疑者が防御の準備をする権利を不当に制限するようなものであってはならない。」と規定している。
　これは、「接見指定」と呼ばれる制度である。
　しかし、この接見指定ができる要件としては、捜査のため必要があるとき、というのみで、捜査側の裁量で、接見交通権を制限できると解する余地があり、乱用の危険がある。
　この規定の解釈としては古くから以下の3説が主張されていた。

[1] 物理的限定説
　被疑者の取調中、実況見分等に立ち会わせ中など被疑者の身体的都合がつかない場合に限る（平野龍一『刑事訴訟法』〔有斐閣、1958年〕105頁等）。

[2] 準限定説
　①の場合のほか、取調等が確実に具体的に予定され、予定通り行わないと捜査に顕著な支障が生ずる場合も含める（神垣英郎『増補　令状基本問題　下』〔一粒社、1997年〕174頁等）。

[3] 非限定説
　罪証隠滅や共犯者との通謀の蓋然性をも考慮した捜査全般の必要で判断できる（出射義夫『法律実務講座　刑事編　第3巻』〔有斐閣、1954年〕620頁等）。
　刑訴法39条3項但書の文言からは、当然［1］または［2］の説が正しい、と考えられるが、実務では事実上［3］説で運用されていた長い歴史があり、そのため、いわゆる労働事件、公安事件のほか、否認している一般刑事事件の被疑者と弁護人の接見交通は、法文上は原則自由となっているにもかかわらず、実際にはなかなか認められない、という実態があった。

3 権利のための闘争の歴史

　刑訴法39条3項但書の規定にもかかわらず、弁護人の接見交通が事実上困難となり、被疑者の防御の準備をする権利が妨害される事例が続出したのは、以下のような運用がなされていたからである。

　そのような運用が本格化したのは、1962（昭和37）年に法務省が、刑訴法39条3項の解釈に関する前記［3］説の考え方を基礎として内規で「一般的指定書」というものの書式を定めたためである。この内規により、一般的指定書を検察官が発行した事件については、被疑者と弁護士との接見が事実上拒否され、監獄の長は検察官が個別的に日時を指定した具体的指定書を持参しない限り弁護人と被疑者を会わせない、という運用が定着した。

　原則として被疑者と弁護人の接見は自由だが、検察官が捜査のため特に必要があると認めるときには、例外的に、弁護人の接見日時等を指定できる、としているはずの刑訴法39条3項の規定の原則と例外を逆転させ、検察官が必要と認めるときには、一般的指定書により弁護士の接見を一切禁止し、弁護人がどうしても接見したいと要望した場合には、例外的に具体的指定書を発行し接見を認める、という運用ができるようになったわけである。

　しかも、検察官がどのような場合に一般的指定書を発行するかは一切明らかにされない。接見交通権は完全に検察官の裁量により左右されるという事態が発生したのである。

　弁護士の間では自嘲的に「面会切符制」などと呼ばれていた。

　つまり、一般的指定書が発行されると、弁護士は面会切符を出してもらわないと被疑者の弁護活動ができないため、必死に検察官に交渉、あるいはお願いせざるを得ない状況であった。

　しかも、一般的指定書の発行は法務省の内規による運用であったため、いわば捜査機関内部の連絡文書という性質を持ち、準抗告による不服申立をして、その取消を求めることは困難であった。

　最二小判平3・5・31集民163号47頁は、「一般的指定の適否に関して、原審が捜査機関の内部的な事務連絡文書であると解して、それ自体は弁護人である上告人又は被疑者に対する法的な効力を与えるものではなく、違法ではないとした判断は、正当として是認できる。」と判示して、一般的指定書の発行は、不服申立の対象となる検察官のした処分（刑訴法430条参照）に

は該当しない、とした原審の判断を是認した。

このような接見交通権の実務的運用は、ただでさえ代用監獄という取調官側が24時間管理する留置場に収容され、外部から孤立し、絶望感を懐きやすい被疑者の立場をさらに弱くし、弁護人の十分な助言・援助を受けられないまま虚偽の自白に追い込まれる事態も数多く発生した。

捜査側も、被疑者を自白に追い込むための有力なツールとして、この一般的指定書を最大限利用していた、ともいえる。

このような事態に対して、個々の弁護士や日弁連が、一般的指定制度はえん罪発生の温床の一つであるとして、その運用の撤廃運動を粘り強く続けていた。

変化の兆しが生じたのは、一般的指定書が発行されている事案で、弁護人がその法的無効を前提として具体的指定書の発行をあえて求めず、そのまま警察署に赴き、一般的指定制度は法的効力がないから、被疑者との接見を認めるべきであると監獄の長に強硬に主張したにもかかわらず、接見できなかった場合に、そのような警察官の態度が、弁護人の固有権である接見交通権の侵害に該当するとして国家賠償請求訴訟を提起する事例が増加し、民事分野で、刑訴法39条の趣旨が争われるようになってからである。

4　現時点の判例の到達点

具体的には、杉山判決（前記最一小判昭53・7・10）、浅井判決（最三小判平3・5・10民集45巻5号919頁）、若松判決（前記最二小判平3・5・31）などが該当する。

これらの民事事件は、一般的指定制度の違憲無効を、警察署の現場で、それこそ体を張って強硬に主張した弁護士に敬意を払う意味でその個人名で表現されることがある。

これらの判決では、賠償請求自体は棄却されたものもあるが、理由中で刑訴法39条は原則的に接見交通は自由に認めなければならない、仮に捜査の必要を理由として制限できるとしても、取調中やそれに準じる場合に限ると規定している、という解釈が示されるようになった。

そして、最大判平11・3・24民集53巻3号514頁は、安藤・斉藤事件について、これら小法廷の判決を集大成する趣旨の注目すべき判断をした。

この判決は、刑訴法39条3項の規定そのものの違憲主張は退けたものの、「刑訴法39条の立法趣旨、内容に照らすと、捜査機関は、弁護人等から被疑者との接見等の申出があったときは、原則としていつでも接見等の機会を与えなければならないのであり、同条3項本文にいう「捜査のため必要があるとき」とは、右接見等を認めると取調の中断等により捜査に顕著な支障が生ずる場合に限られ、右要件が具備され、接見等の日時等を指定する場合には、捜査機関は弁護人と協議してできる限り速やかな接見等のための日時等を指定し、被疑者が弁護人等と防御の準備をすることができるような措置を採らなければならないと解すべきである。」と判示した。

　また、この判決では、「間近い時に右取調等をする確実な予定があって、弁護人等の申出に沿った接見等を認めたのでは、右取調等が予定どおり開始できなくなるおそれがある場合などは、原則として右にいう取調の中断等により捜査に顕著な支障が生ずる場合に当たると解すべきである。」とも指摘しているから、最高裁は、前記 [2] の準限定説を明確に採用したことになる。

　この大法廷判決により、被疑者と弁護人との接見交通権の制限はかなり限定された場合にしか許されないこととなり、例えば取調中、実況見分や検証に立ち会中、あるいは直近にその予定があり、その時点で接見を認めると、捜査予定に著しい支障があるとき、などに限られることになった。

　また、同判決では接見を上記のような具体的理由で拒否する場合にも、弁護人と協議してすみやかに接見可能な日時を指定する必要がある、と指摘していることも注目される。

　さらに、内田事件に関する最三小判平12・6・13民集54巻5号1635頁では「被疑者との逮捕直後の初回の接見は、身体を拘束された被疑者にとっては、弁護人の選任を目的として、かつ今後捜査機関の取調べを受けるに当たっての助言を得るための最初の機会であって、直ちに弁護人に依頼する権利を与えられなければ抑留又は拘禁されないとする憲法上の保障の出発点を成すものであるから、これを速やかに行うことが被疑者の防御の準備のために特に重要である。」と判示して、初回接見については、原則として即時または近接した時点において接見させるべきであるとして、厳しい制限を付した。

5　今後の課題

　一般的指定書の運用は、前記昭和53年の杉山判決が「捜査機関は、弁護人等から被疑者との接見の申出があったときは、原則として何時でも接見の機会を与えなければならない」と判示したことの影響により、昭和63年4月に廃止された。さらに前記最高裁大法廷判決により、接見指定のできる範囲が明確に限定されたため、最近では接見指定をめぐる弁護士と捜査機関とのトラブルは減少している（若松芳也『新接見交通権の現代的課題』〔日本評論社、2001年〕270頁以下では「私は平成になってから、具体的指定書を受領持参したことはないが、時に混乱することはあっても接見はできている。」と表現されている）。

　しかし、法務省は、一般的指定書制度を廃止する直前の昭和62年に、法務省通達により、捜査のため必要があるときは接見指定をすることがあるとの通知を検察官が監獄の長に発する運用（通知制度）を開始しているようである（伊神喜弘・前記現代的課題61頁）。

　この通知制度の運用の実務的な影響は、明確ではないが、内部的通知がなされている事件についても、実際に弁護人の接見が理由不明のまま拒否されるようなことはないようである。もっとも初回接見は迅速に認められているが、2回目以降については接見指定がなされ、接見が遅れることがままある、との指摘もなされている（伊神喜弘・前記現代的課題65頁）。

　このような通知制度が残存していることは、前記大法廷判決にもかかわらず、捜査機関がなお裁量によって被疑者と弁護人の接見交通権を制限できる余地を残したいと考えていることを示しており、刑訴法39条3項の規定以外に、このような不明朗な通知制度を残す意味はなく直ちに廃止されるべき制度と考えられる。

　さらに、前記のような長い権利のための闘争の結果、現時点では、被疑者と弁護人の接見交通に対する実害が少なくなったとはいえ、このような通知制度が残存する解釈を許す刑訴法39条3項の存在自体が、憲法34条前段の弁護人選任権の実質的保障の意味を失わせる危険を持ち、違憲ではないか、との指摘も、なお有力になされている（若松芳也・前記現代的課題264頁以下）。

　すなわち、検察官が限定的ではあるとしても、その裁量により接見交通を制限することができる、という規定は、接見交通権という刑事手続上基本的な権利の行使が、対立当事者たる捜査官の裁量による制限に服する場合があ

るということになり、憲法34条前段の保障する弁護人の依頼権を実質的に損なうものではないか、という主張である。

　もし不当な接見制限があれば、準抗告より簡易迅速に司法救済が受けられるから刑訴法39条3項は憲法34条前段の違反しない、という前記大法廷判決の合憲論の一つの根拠も、既述のような事実上の接見拒否に対し、実際には、判決まで長期間を要する国家賠償請求訴訟でしか争えなかった歴史に照らして疑問がある。

　以上のように、接見交通を巡る諸問題は、実務の実態を知った上で勉強することが大切である、といえる。

第8章

訴因と公訴事実

青木孝之　一橋大学教授

1 はじめに

　訴因と公訴事実の関係は、今も昔も学習者の頭を悩ませる刑事訴訟法上の典型論点である。検察官によって起訴状が提出され（刑訴法256条1項）、公訴が提起されて刑事被告事件が訴訟係属すると、狭義の刑事訴訟手続が開始する。この手続の中で、当事者が直接の攻撃防御の対象として存否を争い、受訴裁判所が判断を示すべき対象は何なのか、その点を解明する解釈論の試みを審判対象論と呼ぶならば、その意味における審判対象論は、現在ではほぼ決着済みといってよい。すなわち、現行法制定間もないころは、審判の対象は訴因か公訴事実かという形で議論が展開されたが、現在では、狭義の刑事訴訟手続における審判の対象は訴因だということで、ほとんど異論を見ない状況にある。しかし、だからといって、訴因及び公訴事実を巡る議論が、重要でなくなったわけではない。この議論は、そもそも訴因とは何なのか、公訴事実とは何なのか、そして両者の関係をどう考えるのかの組み合わせによって、様々なバリエーションが考えられ、そのことが学習者の理解を困難にする一因となっている。あとひとつ、法科大学院で教鞭をとる実感からすると、実務経験のない学生諸兄姉にとっては、起訴状という書面に具体的な犯罪事実として記載された「公訴事実」ないし「訴因」といったものをイメージしにくく、書物を通じて学んだ議論の所産として捉えがちだという理由もあるように思われる。本稿では、そのあたりの事情も意識しつつ、議論の整理に努めてみたい。

出発点は常に条文である。刑訴法256条2項によると、起訴状には、公訴提起の名宛人である被告人を特定するに足りる事項（同項1号）のほか、検察官が訴追の対象として選別・構成した「公訴事実」（同項2号）及びその「罪名」（同項3号）が記載される。この条文に従って、実際の起訴状には、冒頭に被告人の人定事項が記載され、その次の「公訴事実」と印字された欄に、被告人を主語にして書き出された具体的な犯罪事実が記載される。そしてさらに、「罪名及び罰条」と印字された欄に、上記事実に適用されるべき具体的な刑罰法規とその罪名が掲げられる。以上から分かるとおり、起訴状の記載には「訴因」の二文字は現われない。しかし、その一方で、同条3項第1文は、「公訴事実は、訴因を明示してこれを記載しなければならない。」と規定する。ここで初めて「訴因」という言葉が登場し、訴因を明示して記載したものが「公訴事実」だとされているので、両者の関係が問題になるわけである。これに続き、同項第2文は、「訴因を明示するには、できる限り日時、場所及び方法を以て罪となるべき事実を特定してこれをしなければならない。」とし、日時・場所・方法等による訴因の特定を要求する。この要請に基づき、上述のとおり、実務においては、「公訴事実」と印字された欄に、被告人を主語とし、日時・場所・方法等で特定された具体的な犯罪事実が記載されるのである。さらにもう一箇所、訴因と公訴事実という用語が同時に出てくる条文がある。刑訴法312条1項である。同項においては、裁判所は、検察官の請求があるときは、「公訴事実の同一性」の範囲内において、訴因の変更等を許さなければならないとされており、狭義の刑事訴訟手続が開始した後の審判対象が、「公訴事実の同一性」の枠内において変更可能であることが示されている。ここで扱われているのは、起訴状に具体的事実として記載された「訴因」と「公訴事実」の関係ではなく、訴訟が開始された後の、「公訴事実の同一性」という枠内における「訴因」の変動の問題である。しかし、312条1項においても、256条3項と同じく、「訴因」と「公訴事実」という文言が同時に使われていることに違いはないから、「訴因」と「公訴事実」の関係の解明は、312条1項における「公訴事実の同一性」という概念についても、できる限り無理のない解釈を与えることを意識しつつ、進められることになる。

2　旧法から現行法へ

　前記のとおり、刑訴法256条2項・3項、312条1項の相互関係は、かなり複雑なものである。これらに統一的な解釈を与えるのは容易なことではない。条文を並べて熟読すればするほど、思考が錯綜する経験をした学習者は少なくないはずである。そもそも、現行法は、なぜこのような悩ましい条文構造を採用したのか。訴因と公訴事実をめぐる議論を整理し、現時点での到達点を理解するためには、現行法の制定過程にまで遡って、議論の出発点を確認することが今なお有用である。

　旧刑事訴訟法（大正刑訴法）においても、検察官の公訴提起により刑事訴訟手続が開始され（旧刑訴法287条）、起訴状には「犯罪事実」及び「罪名」が記載されたが（同法291条1項）[1]、現行法と異なり、起訴状を被告人に送達する制度はなかった。したがって、そこに記載された「犯罪事実」を、訴訟の一方当事者である検察官による具体的な主張と解することは困難であった。実際、受訴裁判所は、「犯罪事実」の記載には拘束されず、事件として同一であると認められる限り、その範囲内で審判する権利と義務を有するものと理解されていた。検察官から引き継いだ一件記録の内容に照らし、事件の同一性が認められる限り、例えば窃盗罪として起訴された場合でも、裁判所が、証拠調べの結果形成された心証にもとづき、強盗罪を認定することにも手続上問題はないと考えられていたのである。このように、旧法下における「犯罪事実」は、審理の手がかりとなる事実に過ぎず、裁判所が審判の対象とするのは、一件記録に表れた事件そのものであり、この「事件」のことを、実務上、「公訴事実」（おそらく、「公訴」の対象であるところの「事実」関係という意味で使われていたものと推察される）と言い慣わしていたのである。

　ところが、このような訴訟構造は、現行法の制定に伴い大転換された。まず、起訴状一本主義（刑訴法256条6項）の採用により捜査と公判は切断さ

---

1) もっとも、旧法下における起訴状は、現行法におけるそれのように、捜査結果と切断された性格のものではなかった。旧法下においては、公訴提起と同時に捜査資料は一件記録として検察官から裁判所に引き継がれた。引継時点の記録においては、捜査資料が作成年月日順に編綴され、犯罪発覚の端緒となる捜査報告書などが冒頭に位置し、起訴状は最後に綴じられていたとされる。小瀬保郎「訴因と審判の対象」熊谷弘ほか編『公判法大系Ⅱ』（日本評論社、1975年）238頁。

れた。そうなると、起訴状の提出という要式行為により開始される刑事訴訟手続においては、起訴状の「公訴事実」欄に記載された犯罪事実をもって、検察官が訴訟における立証命題として主張するところの具体的な事実と解さざるを得ない。そして、当事者訴訟遂行主義を基調とする現行法下にあっては、この事実こそが審判対象なのであって、受訴裁判所が審判する権利と義務を有するのは、当該事実の範囲内に限られる（刑訴法378条3号参照）との理解が有力となり、やがて定着したのである。

　現行法の制定過程を概観すると、日本側は、GHQ（連合国軍総司令部）から提案された、起訴状一本主義という抜本的な改革は受け入れつつも、公訴提起の方式については、法ではなく規則のレベルで、被告人、犯罪事実、罪名及び適用法令を示した書面（起訴状）で行うことを想定するにとどまっていた。この段階では、旧法下で講学上の概念として承認されていた「公訴事実」はおろか、当時の日本側には全く馴染みのない英米法の概念であった「訴因」（count）の概念も、現れていない。ところが、やり取りの最終段階になって、GHQ側から、「公訴の提起は、被告人を指定し、犯罪事実及び罰条を記載した書面を提出してこれをしなければならない。犯罪事実の記載は訴因を明らかにしてこれをしなければならない。」との修正案が提出されるに至った。「訴因」という概念に無知であった日本側は衝撃を受けつつもこれに対応し、「犯罪事実は、訴因を明示してこれを記載しなければならない。」こととし、その後、「犯罪事実」の用語を「公訴事実」と改めたうえ、「訴因を明示するには、できる限り日時、場所及び方法を以て罪となるべき事実を特定してこれをしなければならない。」との文言を付加して、現規定の原型となる条文を作ったのである[2]。このような経緯が示すとおり、現行法の規定は、英米法における「訴因」概念を取り入れようとするGHQ側の意向と、旧法以来、審判の対象となる事実との意味で用いられてきた「公訴事実」の用語例を生かして使おうとする日本側とのやり取りの中で生まれた、多分に未成熟な規定である面を否定できない。端的に言えば、「訴因」とは何か、「公訴事実」とは何かに関し、十分な議論を経て実現した立法ではないのである。このことが、現在に至るまで尾を引いていることを、われわれ学習者として

2）　現行法の制定過程については、三井誠『刑事手続法Ⅱ』（有斐閣、2003年）159頁以下が詳しい。

は、まず認識する必要があるように思われる。

3 審判対象論の展開と収束

　現行法が制定されると、上述の各条文の解釈を巡って、学説及び実務は活発な議論を始めた。中でも焦点となったのは、現行法下において、裁判所が審判の対象とするのは、旧法と同様に、「公訴事実」、すなわち、検察官が捜査を遂げた結果として解明し、嫌疑として構成した社会的な事実（前述の意味における「事件」と言い換えてもよい）なのか、それとも、起訴状の「公訴事実」とタイトルされた箇所に記載されてはいるが、日時・場所・方法を以てより詳しく特定された具体的な犯罪事実であるところの「訴因」なのかという点である。

[1] 公訴事実説

　現行法制定当初は、審判対象は公訴事実だと解する説（公訴事実説）も有力であった。当時の法律家にとって、「訴因」なるものは聞きなれない新しい概念である一方で、「公訴事実」は旧法以来慣れ親しんだ概念である。わが国の実務に深く根ざす実体真実発見への志向も相まって、受訴裁判所は、起訴状に記載された具体的事実に限定されず、より広く、その背後の社会的な事実関係（事件）を審判の対象とするという考えは、とりわけ実務家には受け入れやすかった。ただし、「公訴事実」が審判の対象だとすると、「訴因」とは何なのか、何のために導入されたのかが問題となる。公訴事実説は、その点につき、訴因とは、当事者主義を採用する現行法の下で、被告人の防御を十全ならしめるため起訴状に記載することを要求された、日時・場所・方法を以て特定された犯罪事実にほかならないと説明する。訴因にそれ以上の意味や機能はないが、被告人は訴因として特定された具体的事実を前提に防御を講じることが十分可能であるため、現行法の解釈として問題はないとするのである。

　公訴事実説の代表的論者である岸盛一・元最高裁判事は、次のようにいう。「そもそも公訴事実というものが、既に検察官の構成要件的評価によって捉えられた事実であり、その公訴事実が審判の課題であり、起訴状の記載事項とされている」、「訴訟の対象の事実的特定は公訴事実の特定によって行われ

るべきである」、「訴因の重要な意味は、むしろ公訴事実の法律的評価の点にある」、「検察官が表象した公訴事実の法律構成を起訴状において明確ならしめることが即ち『訴因を明示する』ことなのである」、「旧刑事訴訟法の下では、公訴事実の同一性を害しない限り裁判所は独自の法律判断をもって有罪の言渡をすることが認められていた。……この裁判所の法律判断における、あらゆる角度からする職権主義に当事者主義的修正を施し、被告人の刑事責任を追及する検察官に公訴事実の法律構成を明示する義務を負わせ、この点に関する攻撃防禦の焦点を明確にし、法律判断に関する裁判所による奇襲を禁止したのが現行刑訴法における訴因制度であると解する」[3]。

多くの説明は不要であろう。ここでは、公訴事実が構成要件的評価にもとづき構成された事実であることを前提に、審判対象は公訴事実であると明確に論じられている。では、訴因制度を採用した意義はどこにあるかというと、検察官に法律構成を明確にさせることによって攻撃防禦の対象を明らかにし、他方において、検察官が選択した法律構成の枠内での判断を裁判所に強いることにより、いわゆる不意打ち認定を防止したものであると説明するのである。

[2] 訴因説

公訴事実説は、「訴因」という新しい概念が加わることにより議論が不必要に混乱することを懸念した一部の論者には根強く支持された[4]。しかし、訴因と公訴事実に関する理論的解明が進むにつれ、審判対象は訴因であるとする説（訴因説）にとって代わられていくことになる。

公訴事実説は、前述のとおり、旧法以来の公訴事実という概念を残しつつ、新たに現行法に加わった訴因概念について、攻撃防御の対象を明確にし、不意打ち認定を防止する点で被告人の防御に資すると説明するものであった。

3) 岸盛一『刑事訴訟法要義』（弘文堂、1961年）54-55頁。
4) 施行後数年の段階では、訴因抹殺論さえ存在したという。すなわち、昭和26（1951）年の刑訴法改正論議の際には、訴因制度の改廃が問題点のひとつとして取り上げられ、法制審議会に宛てた諮問の説明要旨においては、「訴因の観念と公訴事実の観念が混淆してなお実務上かなり混乱を生じているので、従前の公訴事実の同一性の観念で被告人の防御にそれ程不利益を生ぜしめるものではないという点から、訴因の観念を全廃すべしという意見がある」とされている。三井・前掲注2) 177-178頁。

しかし、起訴状一本主義を採用する現行法の下では、刑事訴訟が開始した後の手続の中で、実体を伴って構成された旧法的な「公訴事実」を観念することは困難である。なぜなら、訴訟開始時には、判断者である裁判官の手元には、一片の紙片である起訴状が存在するのみで、そこには、具体的な犯罪事実が文字として記載されているにすぎない。「公訴事実」と題されてはいるものの、旧法下と異なり、検察官から引き継がれた一件記録は存在しないから、そこに記載された事実は、まさしく文字面だけのものである。証拠調べが始まる以前の段階では、それを裏付ける根拠（証拠）は一切存在しない。であるのに、その背後に、実体をもった社会的な事実関係（事件）が存在することを観念するのは不自然といえる。このような理解が定着するにしたがい、公訴事実説における「公訴事実」の捉え方は、捜査と公判を切断した現行法の基本構造に整合しないと批判されることになった。

それと同時に、「訴因」概念についても議論が洗練されていく。当初は、岸盛一・元判事の所説のように、公訴事実も訴因もともに具体的な事実であり、訴因は公訴事実の法律構成を明らかにしてより具体的に犯罪事実を特定したものという理解も有力であった。しかし、公訴事実概念が上記のように実体を失うと、公訴事実とは、検察官なりの根拠（捜査資料）によって支えられてはいるが、訴訟外で検察官が抱いた主観的な嫌疑のことであり、その意味で検察官の頭の中にある観念的な形象に過ぎないのではないかと考えられるようになっていく。そうなると、訴訟内で具体的な事実として存在するのは、訴因だけということになる。そして、審判対象の設定を含む訴訟遂行の主導権を当事者に与えた現行法の下では、訴因は、起訴状に記載された具体的事実であると同時に、これから展開される証拠調べの結果によって初めてその存否が判断される対象であり、訴訟開始の時点では、検察官がその存在を主張しているに過ぎない、そのような性質の事実だと理解されるようになっていくのである。

訴因説を初めて本格的に展開した平野龍一博士の所説は、次のようなものである。「訴因は審判の対象であり必ず検察官によって提示されることを要し、単なる防御保護の制度ではない」、「訴因が審判の対象にあるとするのは、審判の対象を厳格に検察官の現実の意思によって限定しようとするものである。したがってその部分は、その存在が肯定されたならば一定の法律効果が発生するような事実でなければならない。この意味で構成要件を充足する事実の

記載が要求される。それは単なる嫌疑の告知ではなく、事実認定の請求である」、「これに対して、……公訴事実は如何なる意味を持つであろうか。……訴因と証明された事実の喰い違いによる無罪及びこれに基づく手続の反覆を避けるためには、訴の変更がある程度さけえられなくなる。しかしこれを無限に許したのでは、一個の手続で被告人の一生のあらゆる部分が審理されることになり、被告人の防御にも混乱をひきおこすおそれがある。そこでこの訴の変更に一定の限界を画する必要が生じる。この任務が公訴事実に課せられる」[5]。

　平野説においては、検察官が判断を求めて構成要件該当事実として構成した訴因こそが審判対象である。訴因制度は、単に被告人の防御の便宜を図るための制度ではなく、審判対象を設定する訴訟の根幹に関わる制度なのである。その根拠は、ひとことで言えば、現行法が採用する当事者訴訟遂行主義であろう。この手続構造の下では、審判対象は、訴訟当事者の検察官が具体的に主張した事実の範囲に限られ、裁判所はその範囲内で判断することに徹するのが本則だとされたのである。このような所説においては、それでは「公訴事実」の存在意義は何かということになるが、それについては、上記引用部分の後段が明確に答えている。平野説においては、「公訴事実」とは、もはや旧法下のようにそれ自体に実体を伴った概念ではなく、訴因変更の範囲を画するため、「公訴事実の同一性」（刑訴法312条1項）の判断において初めて意味を持つに過ぎない。すなわち、「公訴事実」とは、当初から何か意味内容をもって存在する概念ではない。検察官が主張する訴因と、裁判所が証拠調べの結果抱いた心証との間にずれ（喰い違い）が生じた場合、訴えの変更の制度にもとづき、審判対象を変更したうえで同一手続において審理続行することが可能かという問題が生じる。この問題を解決するために、旧訴因と新訴因を比較して、「公訴事実の同一性」の範囲内かどうかを判断することになる。ここで初めて、「公訴事実」という概念が具体的に使われるのであり、それは、「公訴事実」そのものとしてではなく、「公訴事実の同一性」という幅をもった枠概念として機能する。以上のように考えるのである。

　5）　平野龍一『訴因と証拠』（有斐閣、1981年）90-93頁。

[3] 議論の収束

　公訴事実説と訴因説の対立は、訴因説がほぼ全面的な支持を受ける形で収束していくことになる。その理由は、訴因説が、捜査と公判の関係に関する起訴状一本主義や、訴訟遂行の主導権に関する当事者主義など、現行法が新しく採用した訴訟の基本原理に整合的であったこと、それに尽きる。しかし、問題はまだ残されていた。訴因説がいうとおり、起訴状に記載された具体的犯罪事実であるところの訴因が審判対象だとして、その事実が「公訴事実」と題された欄に記載されている現実をどうみるのか。また、「公訴事実は、訴因を明示してこれを記載しなければならない。」と定める 256 条 3 項第 1 文に照らし、訴因と公訴事実との関係をどう考えればいいのか。訴因説は、この点に関する説明を工夫する必要に迫られたのである。

　学説の主流は、「公訴事実」それ自体は、実質的に「訴因」と異ならず、多くの場合、公訴事実と訴因は重なっている（つまり同じものである）という説明により、両者の関係を整理することを試みた。前述のとおり、訴因説が展開する過程において、「公訴事実」それ自体にさほどの意味はなく、「公訴事実の同一性」に至って初めて訴因変更の限界を画する概念として機能するという説明が有力となった。それに伴い、「公訴事実」概念の中身が空洞化して「訴因」との実質的差異が失われていった。その流れに沿った説明を試みたのである。具体的には、松尾浩也教授や田宮裕教授の各所説が、現在に至る議論の流れを作ったひとつの分岐点として挙げられる。松尾教授は、旧法以来の発想を転換して、公訴事実は必ずしも「事実」ではなく、「公訴の主題」ないし「審判の対象」と理解すればよいとする。そうだとすれば、「公訴事実が審判の対象である」との命題は完全な同義反覆で実質的には意味をなさない。そのうえで、同教授は、審判対象論との関係では、公訴事実と訴因とは異なるものではなく、審判の対象は公訴事実すなわち訴因と考えればよいというのである[6]。また、田宮教授は、公訴事実とは、検察官の表象である訴因として記載された事実であり、公訴事実と訴因は同一の物に与えられたふたつの異なる名称に過ぎないと説いた[7]。

　このような帰結は、実務にとっても受け入れやすいものであった。何しろ、

---

6) 松尾浩也『刑事訴訟法・下Ⅱ』（弘文堂、1990 年）345 頁、349 頁等。
7) 田宮裕『刑事訴訟法Ⅰ』（有斐閣、1982 年）579 頁。

起訴状の「公訴事実」欄に記載された具体的事実が「訴因」であり、その「訴因」が審判対象だというのであるから、観念論は別にして、審判対象であるところの「訴因」という具体的事実が、単に、公訴の主題となる事実という一般名詞的な意味における「公訴事実」というタイトルの下に記載されているだけで、訴因と公訴事実は実質的に同じものであると言い切ってしまえば、それが最も単純明快である。そこで、上記のような学説の説明は、実務にも基本的に歓迎され、公訴事実説と訴因説の論争は、「旧法から新法への訴訟構造の転換を際立たせるという歴史的使命を負っていた」が、「松尾教授が、訴因と公訴事実とは対立する関係にはなく、訴訟対象は公訴事実すなわち訴因ということになると……明確に論断されたことにより、終止符を打たれたと言ってよい」との評価が下されることになった[8]。このようにして、審判対象を巡る議論は収束の方向へ向かったのである。

4 現在の議論状況

　以上の経緯を経て、現在では、訴因説を前提に、審判対象の地位から退いた公訴事実をどう位置付け、訴因と公訴事実の関係をどう理解するかに、学説の関心は移行している。
　例えば、安冨潔教授は、当事者主義訴訟における審判対象が検察官の主張する犯罪事実であることはそのとおりであるが、他方、刑訴法256条2項2号が、明確に公訴事実を起訴状の記載要件としていることからすれば、平野説のように、公訴事実を訴因変更の限界を画する機能的概念と割り切ることには検討の余地があるとする。そのうえで、検察官が主張する事実の内容が「公訴事実」であり、被告人に防御の手がかりを与えるため起訴状に記載を要求される、その主張の形式が「訴因」であるという理解を呈示する。訴因と公訴事実は異なる概念ではなく、両者は存在において同じであるが、認識において異なるものだというのである[9]。たしかに、公訴事実は訴因を明示して記載され、その訴因は日時・場所・方法等を以て特定される関係にある

---

8) 佐藤文哉「訴因制度の意義」松尾浩也・井上正仁編『刑事訴訟法の争点〔第3版〕』（有斐閣、2002年）114頁。
9) 安冨潔『刑事訴訟法〔第2版〕』（三省堂、2013年）287頁。

から、起訴状の「公訴事実」欄に記載された具体的な事実が、検察官が主張する犯罪事実の内容を示しており、一方、その事実について、日時・場所・方法等による特定が要求されているのは、被告人の防御に配慮した、犯罪事実の記載に関する形式の問題（このような形式を採ることによって、防御の対象が明確になる）だというのは、文理上も理論の面からも、ひとつの巧みな説明というべきである。

このように、訴因と公訴事実と呼ばれる論点については、多分に説明の仕方の問題というところがあり、現在でも完全な共通了解事項があるわけではない。この点に関連し、水谷規男教授が、非常に重要かつ興味深い指摘をしているので最後に紹介しておきたい。

同教授の分析[10]によれば、弁護人は、防御の対象となる事実としての訴因の記載が明確であればそれでよいのであり、訴因と別個に公訴事実という事実の存在を観念する必要も実益もない。これに対して捜査の全結果を把握している検察官は、起訴状に記載した訴因以外にも、犯罪事実を多義的に構成し得る立場にあり、したがって、訴因の背後にある前法律的事実としての公訴事実の存在を肯定する傾向にある。例えば、司法研修所検察教官室編『検察講義案（平成24年版）』（法曹会、2013年）71頁は、端的に、「公訴事実とは、訴因の背後にある前法律的、歴史的事実をいい、訴因とは、これを犯罪構成要件に当てはめて構成した具体的事実をいう」とする。また、小瀬保郎検事は、公訴事実とは、検察官において、公訴提起の時点で収集した捜査資料から形成した一定の犯罪についての表象のうち、公訴提起の対象とした部分をいうのであり、訴因とは、これを犯罪構成要件に当てはめて法律的に構成し、できる限り日時、場所、方法等をもって表示したものだとする[11]。公訴事実の捉え方に差異はあるが、いずれの理解も、検察官が、訴因の背後に、それより広い範囲をもって、公訴事実と呼ばれる事実関係を表象していることを前提とするものであろう。

他方、法廷に出た証拠により認定された事実がすべてである裁判官においては、審判対象である訴因とは別個に事実としての公訴事実を観念することは困難である。そこで、公訴事実は検察官が抱いた主観的嫌疑ないし観念形

---

10) 水谷規男『疑問解消 刑事訴訟法』（日本評論社、2008年）110頁。
11) 小瀬・前掲注1) 239頁。

象ということになり、訴因もまた事実というより検察官の主張であることに重点を置いて理解しがちだとされる。まさしくそのとおりであり、佐藤文哉判事は、訴因と公訴事実はいずれも検察官の主張であり、主張として示される事実の外延は、訴因と公訴事実とで変わりはないとする[12]。また、中山隆夫判事は、公訴事実は検察官が当該事件で具体的に収集した証拠を検討した結果抱いた犯罪事実の主観的嫌疑（それゆえ、公訴事実はあくまでも観念形象である）であり、訴因はこれを具体的犯罪構成要件に当てはめた検察官の主張だとする[13]。

　いずれの所説も、それぞれの立場からの根拠を有する立論である。以上のとおり、訴因と公訴事実については、分析する立場・視点の違いによって、見えるものが微妙に異なる面があることに留意しなければならない。

---

12) 佐藤文哉「訴因制度の意義」松尾浩也・井上正仁編『刑事訴訟法の争点〔新版〕』（有斐閣、1991年）133頁。
13) 中山隆夫「訴因の特定――裁判の立場から」三井誠ほか編『新刑事手続Ⅱ』（悠々社、2002年）184頁。

第9章

訴因変更の要否の基準
―― 条文と学説と実務の関係を中心に

國井恒志　前橋地方裁判所部総括判事

1 はじめに

　刑訴法における学説と実務の関係については、いろいろな比喩が可能であるが、ここでは、学説と実務は、法制度という一つの「車」の「前輪」（実務）と「後輪」（学説）を成すというイメージを提案したい。

　法治国家である我が国では、実定法の解釈・適用を通じて社会の中で法の実現が図られている。実務は、法律の施行に始まり、条文の解釈・適用の積み重ねによって形作られていくが、社会の中の「道なき道」や「けもの道」を切り拓いて進んでいくようなものである。裁判例は、個別具体的な事件の適正かつ妥当な解決を目指して行われた、条文の解釈・適用の結果であり、その頂点にあるのが最高裁判所の裁判例の中に示される「判例」である。他方、学説は、知の拠点として、法律の制定の基礎や条文の解釈・適用の指針となり、時に実務を推進し、時に実務に歯止めをかける。このように、法は、実務と学説の相互作用によって更に進歩・発展を遂げていく。

　したがって、刑訴法に限らず、法律を学ぶ者は、「車体」そのもの、つまり、条文を中心とした法制度そのものをきちんと理解しておくことはもちろんだが、「前輪」として道を切り拓く実務と、「後輪」として法の進むべき道を探究する学説の両者を理解しておかなければならない。

2　訴因制度と訴因変更

　今回のテーマは、訴因変更の要否の判断基準であるが、「訴因」概念があってはじめてその変更が問題になるので、必要な範囲で訴因制度について復習しておきたい。

　「訴因」という用語は、日常生活では聞き慣れない言葉であるが、現行刑訴法の制定作業において GHQ（連合国総司令部）側から提案されたアメリカ法の「count」の訳語である。「公訴事実」という用語が明治 23 年に制定された旧旧刑訴法（明治刑訴法）から既に判例・学説で使用されていたのに対し、「訴因」は、昭和 23 年に制定された現行刑訴法において初めて使用された概念である[1]。いわゆる戦犯裁判の頃の新聞では、「罪状項目」と翻訳されていたようだが[2]、日本語としては、「公訴の原因」[3]を略した用語と理解すれば十分である。

　立法担当者によれば、公訴提起の方式の改正は現行刑訴法の眼目の一つであり、公訴の提起は、裁判所に対し、審判の範囲を限定するとともに、被告人のために防御の範囲を明確にさせることをも目的とするものと説明された[4]。訴因変更に関して言えば、大正 11 年に制定された旧刑訴法（大正刑訴法）では、住居侵入・傷害致死事件の場合、起訴状に傷害致死のみが記載されていても、科刑上一罪の関係に立つ住居侵入にも公訴の効力は及び、裁判所は、住居侵入を認定するのに何の妨げもなかったし、殺人の心証を抱いたときは、起訴状に記載されていない住居侵入・殺人を認めて有罪判決を言い渡すことができた。つまり、起訴状記載の「犯罪事実」の拘束力は認められていなかった。これに対し、現行刑訴法は、訴因の概念を導入し、当事者は検察官が設定した訴因につき攻防を尽くし、裁判所はこの訴因の範囲内でしか有罪認定をすることができないこととした。つまり、起訴状記載の「訴因」には拘束力が認められることになった[5]。このように、訴因には、その制度趣旨から、

---

1) 三井誠『刑事手続法Ⅱ』（有斐閣、2003 年）159 頁以下、松尾浩也『刑事法学の地平』（有斐閣、2006 年）122 頁以下。
2) 松尾・前掲注 1) 133 頁以下。
3) 田宮裕『注釈刑事訴訟法』（有斐閣、1980 年）279 頁。
4) 松尾・前掲注 1) 139 頁。
5) 三井・前掲注 1) 176 頁。

①裁判所に対する審判対象を限定するとともに、②被告人に対する防御の範囲を明示する機能を果たすことが求められている。

一般的な教科書では、訴因制度の主な論点として、(1)訴因と公訴事実の関係（いわゆる審判対象論）のほか、(2)訴因の特定、(3)訴因の変更、(4)訴訟条件と訴因が挙げられており、(3)の訴因変更については、①訴因変更の要否（今回のテーマ）、②訴因変更の可否（「公訴事実の同一性」の意義）、③訴因変更命令、④訴因変更の時期等が説明されている。

最も基本的な論点である(1)の訴因と公訴事実の関係については、既に第8章で青木孝之教授によって詳しく説明されているので、本稿では、その説明を前提として、審判対象は訴因であり、公訴の提起は裁判所に対する検察官の処罰請求であって、検察官が犯罪構成要件にあてはめて法律的に構成した具体的な犯罪事実の主張が訴因であるという訴因説に従う。

3　刑事手続における訴因変更の位置づけ

[1]　まず前提として重要なのは、訴因の特定である。

公訴の提起は、起訴状を提出しなければならず（刑訴法256条1項）、起訴状には、訴因を明示した公訴事実を記載し、かつ、訴因を明示するには、できる限り日時、場所及び方法を以て罪となるべき事実を特定しなければならない（同条2項2号、3項）。訴因の特定を欠くときは、起訴は無効となるから、訴因の追加又は変更あるいは検察官の釈明（刑訴規208条1項）などによってその瑕疵が治癒されなければ、裁判所は、判決で公訴を棄却しなければならない（刑訴法338条4号）。そこで、どの程度具体的に犯罪事実を表示すれば刑訴法256条3項の要請を満たすのかが問題となるが、①訴因の機能として審判対象を他の犯罪事実から識別・特定するという面を重視する見解（識別説）と、②犯罪事実の識別・特定だけでは足りず、その程度を超えて被告人の防御権の行使に十分な程度に記載することを要するとの見解（防御権説）があり、裁判実務では、概ね識別説による運用が定着している[6]。もっとも、

---

6) 稗田雅洋「訴因の特定」井上正仁・酒巻匡編『刑事訴訟法の争点』（有斐閣、2013年）116頁、下津健司「訴因の特定、変更──裁判の立場から」三井誠ほか編『刑事手続の新展開（下）』（成文堂、2017年）165頁。

実務上、訴因の特定を欠いたために公訴棄却判決がなされた例はほとんど見当たらない（広島高判平13・7・19高刑速平成13年195頁は、刑訴法338条4号により公訴を棄却した原判決の判断を否定している。）。

[2] 次に問題となるのが、訴因変更の要否である。

訴因変更には、「要否」の問題だけではなく、後述の「可否」の問題があり、理論的には「可否」の問題が先行するようにも思われる。しかし、実際の刑事手続では、訴因変更の現実的・具体的必要性が肯定されてはじめて、「可否」の問題を検討するようになることが多いので、「要否」の問題から先に論じることにする。

最初に訴因変更一般について説明すると、訴因は、検察官の主張にすぎないから、その後の事情の変化等によって、検察官の当初の主張と公判で取り調べた又は取り調べる予定の証拠との間に「ずれ」、つまり食い違いが生じることは避けられない。このような食い違いを調整するための制度が訴因変更である。

教科書を漫然と読んでいると、訴因変更は極めて例外的にしか利用されていないように思われるが、検察官による任意的な訴因変更請求はしばしば行われている。例えば、起訴状の訂正で足りるような公訴事実の誤記についても、行為態様や結果など被告人の防御上重要な事項に関するものであれば、念のために、訴因変更の手続をとることが多い。また、起訴状では「加療約3か月を要する見込みの右側背部刺創」とされていたものが、起訴後の治療状況を踏まえて、「全治約2か月を要する右側背部刺創」へと訴因変更請求されたり、傷害罪として起訴された事件が起訴後の被害者の死亡により傷害致死罪へと訴因変更請求されることもある。さらに、罪数評価の関係で訴因変更の手続によらざるを得ない場合があり、例えば、常習累犯窃盗罪（盗犯等の防止及び処分に関する法律3条、2条前段）のような常習一罪については、最初に起訴した事実（窃盗）に加え、その一部をなす事実（別件の窃盗）を新たに付加する場合には、追起訴ではなく、訴因変更請求によらざるを得ない。このように、第1回公判期日前であっても、訴因変更請求がなされることは何ら珍しいことではなく、公判前整理手続の内容としても、裁判所が「訴因又は罰条の追加、撤回又は変更を許すこと」が明記されている（刑訴法316条の5第2号）。

そして、公判審理が始まると、起訴状に記載されている訴因（検察官の当初の主張）と公判での証拠調べの結果（裁判所の心証）に「ずれ」が生じることがあり、このような場合に訴因変更の手続をとるべきか否かというのが訴因変更の要否としてよく論じられている問題である（今回のテーマ）。

[3] 縮小認定の理論

訴因変更の要否の前提問題として、訴因の一部を認定する場合には訴因変更は不要と解されている。なぜなら、殺人未遂の訴因で傷害を認定する場合（最二小決昭28・11・20刑集7巻11号2275頁）、強盗の訴因で恐喝を認定する場合（最二小判昭26・6・15刑集5巻7号1277頁）など、認定しようとする事実が当初の訴因中に含まれて黙示的に審判の対象として主張されているとみることができ、かつ、定型的に被告人の防御に不利益を与えることがないと考えられるからである。

[4] 訴因変更が必要とされた場合に更に問題となるのが、訴因変更の可否である。

起訴されている訴因と公判での証拠調べの結果にずれが生じても、訴因変更が不要と判断すれば、そのまま判決すればよいが、訴因変更が必要と判断しても、常に訴因変更を許してよいものではない。刑訴法は、「裁判所は、検察官の請求があるときは、公訴事実の同一性を害しない限度において、起訴状に記載された訴因又は罰条の追加、撤回又は変更を許さなければならない。」（刑訴法312条1項）と規定しており、公訴事実の同一性を害する場合には、たとえ訴因変更が必要と判断しても、訴因変更は許されない。

[5] 訴因が特定され、訴因変更が必要かつ可能な場合、検察官はいつまでも訴因変更請求ができるのか、被告人の防御の観点から時期的な制限があるのではないかというのが訴因変更の時期の問題である。また、検察官が訴因変更請求をしない場合に、裁判所が訴因を追加又は変更すべきことを命じる（刑訴法312条2項）のはどのような場合か、その効力はどのようなものか、というのが訴因変更命令の問題である。さらに、審判対象を訴因とするならば、訴訟条件の存否の判断は、訴因を基準としてなされることになる。

4 訴因変更の要否に関する実務の背景

　実務では、起訴されている訴因と公判での証拠調べの結果にずれが生じた場合、訴訟経済の要請、つまり手続上の紛争を予防又は回避する観点から、裁判所から検察官に対して釈明するなり訴因変更を促すなどの措置をとって、検察官の訴因変更請求により訴因変更手続がとられることが多い。なぜなら、訴因変更をせずに有罪認定をすれば被告人に不意打ちとなるおそれがあり、他方、無罪や認定落ちの場合は、検察官が訴因の追加的変更を求めて控訴する可能性があるからである。

　しかし他方で、裁判所が訴因と証拠調べの結果のずれについて確信を抱くのは審理の終盤であることが多く、裁判所の心証に沿った形での釈明等の措置は、いわば双方に互譲を要求する「最終和解案」を提示するようなもので、判決宣告前に裁判所の心証を明らかにするものとみられかねない。しかも、審理の終結間際では、検察官や被告人・弁護人の柔軟な対応が期待できなくなる上、裁判所の訴因変更命令（刑訴法312条2項）には形成力がないと解されているから、訴因変更を促す釈明は刑事手続に無用の混乱をもたらすおそれもある。複雑困難で長期の審理を要する事件であればなおさらであろう。

　このような背景事情から、柔軟に訴因変更を促すことができない場合があり、訴因変更の要否の問題は、実務における不滅の論点としてしばしば問題となっている。

5 訴因変更の要否に関する学説

[1] 裁判所が訴因変更の手続を経ずに認定することが許されない事実を認定した場合、審判の請求を受けない事件について判決をしたとして絶対的控訴理由となるか（刑訴法378条3号後段）、少なくとも訴訟手続の法令に違反したとして相対的控訴理由（刑訴法379条）になる。

　それでは、裁判所が証拠調べに基づき認定する事実とその段階で提示されている訴因との間にずれがある場合、どの程度の食い違いであれば訴因変更手続をすることなく訴因と異なる認定をしてよいのだろうか。

　刑訴法312条は、基本的に訴因変更の手続を定めた規定であり、訴因変更の要否については法律に直接の定めがない。したがって、訴因変更の要否の

判断基準については、訴因制度の趣旨を踏まえ、理論（学説）に学びつつ、訴因の果たすべき機能から検討しなければならない。

[2] この点は、審判対象論と関連するが、公訴事実説、つまり、審判の対象は公訴事実であり、訴因は被告人の防御のために公訴事実を法的に評価したものを示すと考える立場からは、訴因の法律構成が変化する場合に訴因変更が必要となる（法律構成）。これに対し、訴因説、つまり、審判の対象は訴因であり、訴因は構成要件に該当する具体的犯罪事実そのものと考える立場では、事実が変動すれば、訴因変更を要することになる（事実記載説）。訴因対象説が優位を占める現在では、事実記載説が支配的であり、判例も同様の見解をとるものと理解されている。

しかし、事実記載説を厳格に適用すると、わずかな事実の変化にも、その都度訴因変更を要することになり、煩瑣に耐えないし、現実的でもない。そこで、訴因の機能が被告人に対して防御の対象を明示してその防御の機会を保障するためのものであることに着目して、問題となる事実の差異が被告人の防御に実質的な不利益を及ぼすものかどうか（具体的には、訴因外の事実の認定が被告人に不当な不意打ちを与えることにならないか）を基準とする立場が一般的である。そして、被告人の防御上の不利益の判断基準に関して、具体的な訴訟経過を離れて、抽象的・一般的に判断する立場（抽象的防御説）と、その事件における被告人の防御の態様等の具体的な訴訟経過を考慮に入れて、具体的・個別的に判断する立場（具体的防御説）とが対立的に捉えられている。

具体的防御説は、個々の事件ごとの判断となるため、基準として不明確で曖昧なものとならざるをえない。また、訴因と認定事実との間の変動は、主として被告人側の防御活動に起因することが大きいから、この説を徹底すると、ほとんどの場合には訴因変更が不要となって、訴因制度を設けた趣旨に実質的に背くことになる。そのため、学説上は、訴因と認定事実とを比較して抽象的・類型的に考えることから客観的基準が立てやすく、被告人の防御にも手厚い抽象的防御説が多数説となっている。

[3] ところで、実務上は、訴因として、犯罪の構成要件的な事実である行為と結果のみでなく、犯罪の計画、経過等の非本質的事実についても詳細に記載される例が少なくないが、これらの事実については、その相違が常に訴因変更を要するものとは考えられていない。学説の中には、この点に着目し、訴因は被告人に対する防御範囲の呈示・告知の機能を有するのみならず、裁

判所に対して審判対象を画定する機能を有し、第一次的・本来的には審判対象の画定という視点が重要であると指摘するものがみられる。

例えば、松尾浩也教授は、起訴状の公訴事実の記載を、(a)審判の対象を特定するために必要不可欠な部分と、(b)その他の部分とに分けて考え、(a)の変動は常に訴因変更を必要とするが、(b)の変動は必ずしもそうではなく、被告人の防御にとって重要であるかどうかで判断し、重要でない場合には変更を要しないと解釈すべきであろうとしている[7]。また、香城敏麿判事は、訴追対象事実の同一性を特定する上では必要のない事実につき、防御権の確保の観点から訴因変更その他の措置を採る必要のある場合もあるが、その必要がない限り、訴因変更を待たずに訴因と異なる事実を認定しても差し支えないと解すべきものとしている[8]。これらの見解を紹介した上で、岩瀬徹判事は、「訴因変更の要否を考えるに当たっては、まず審判対象の範囲の確定という見地からその要否を検討することが要請されるべきであり、抽象的防御の観点もここに包含されるべきものである。他方、防御権の保障は、その性質からしてもともと具体的なケースを離れて論じることはできないものであり、審判対象の範囲の確定という観点からはその同一性が肯定される場合について、なお個々の事例に即してその侵害の有無を検討すべきものと考えられる。」としている[9]。

6 訴因変更の要否に関する判例

訴因変更の要否の判断基準に関しては多数の事例判例が積み重ねられているが、今回は、特に重要な2つの判例、最三小決平13・4・11刑集55巻3号127頁（以下「平成13年決定」という）と、最二小決平24・2・29刑集66巻4号589頁（以下「平成24年決定」という）を取り上げる。学説の状況を受けて、平成13年決定で示された訴因変更の要否の判断基準が、平成24年決定でどのようにあてはめられているかを、事案の概要や審理経過等にも留意しながら確認してほしい。

---

[7] 初出は、松尾浩也『刑事訴訟法　上』（弘文堂、1979年）246頁。
[8] 初出は香城敏麿「訴因制度の構造(中)」判時1238号（1987年）9頁。
[9] 岩瀬透「訴因変更の要否」判例百選〔第6版〕88頁。

7　平成13年決定

[1]　事案の概要

　本件は、被告人が、A、Bらと共謀し、Aの知人らの住居に火災保険を掛け、放火して火災保険金を騙取するなどしたほか、口封じのため、Aと共謀して、Bを殺害し、死体を遺棄したという、放火、詐欺、殺人・死体遺棄等の事件である（以下、殺人事件の部分を「本件」という）。

　殺害の日時・場所・方法の概括的認定や実行行為者の択一的認定といった訴因の特定の問題のほか、実行行為者につき第一審判決が訴因変更手続を経ずに訴因と異なる認定をしたことに違法はないかが問題となった。

[2]　審理の経過

　昭和63年9月19日に起訴された本件公訴事実の要旨は、「被告人は、Aと共謀の上、昭和63年7月24日頃、青森市大字合子沢所在の産業廃棄物最終処分場付近道路に停止中の普通乗用自動車内において、Bに対し、殺意をもってその頸部をベルト様のもので絞めつけ、そのころ、同人を窒息死させて殺害した。」というものであり、実行行為者がだれであるかは明示されていなかった。

　本件について、被告人は、Aとの共謀も、実行行為への関与も否定し、無罪を主張した。その後の公判審理においては、被告人とAとの間でB殺害の共謀が成立したのか、殺害行為を行ったのはだれなのかということが主要な争点となり、多数回の公判を重ねて証拠調べが行われた。証拠調べの後半段階である第77回公判（平成5年1月20日）に至って、検察官は、弁護人の求めに応じ、「殺人の実行正犯は被告人であり、Aは共謀共同正犯にとどまると思料する。」旨釈明した上、第90回公判の後に訴因変更を請求した。第91回公判でその請求が許可された結果、本件公訴事実は、「被告人は、Aと共謀の上、昭和63年7月24日午後8時頃から午後9時30分頃までの間、青森市内の共済会館付近から前記最終処分場に至るまでの間の道路に停車中の普通乗用自動車内において、殺意をもって、被告人が、Bの頸部を絞めつけるなどし、そのころ、同人を同所付近で窒息死させて殺害した。」旨の被告人が実行行為者であると明示するものに変更され（平成6年3月11日付け訴因変更請求書）、冒頭陳述も、それに沿う内容のものに改められた。

第一審判決（青森地判平7・11・30刑集55巻3号168頁）は、Aの証言、被告人の弁解、被告人の自白のいずれについてもその信用性に疑問があるとしながらも、他の関係証拠により、被告人とAとの間にB殺害の共謀が成立したと認められるところ、実行犯がAと被告人のいずれであるか、あるいはその両名であるかは確定できない（しかし、両名以外の第三者が関与した可能性は否定される。）として、「被告人は、Aと共謀の上、昭和63年7月24日夕刻から被告人、A、Bの3名で青森市内の共済会館で飲食した後、同日午後8時頃から翌25日未明までの間に、青森市内又はその周辺に停車中の自動車内において、A又は被告人あるいはその両名において、扼殺、絞殺又はこれに類する方法でBを殺害した。」旨の事実認定し、訴因変更も不要と判断した。
　被告人は、控訴したが、棄却され、上告した。

[3] 平成13年決定
　最高裁は、職権で、殺害の日時・場所・方法の概括的認定や実行行為者の択一的認定のいずれも罪となるべき事実の判示として不十分とはいえないとしたほか、訴因変更の要否に関し、次のような判断を示し、上告を棄却した。
　「訴因と認定事実とを対比すると、」「犯行の態様と結果に実質的な差異がない上、共謀をした共犯者の範囲にも変わりはなく、そのうちのだれが実行行為者であるかという点が異なるのみである。そもそも、殺人罪の共同正犯の訴因としては、その実行行為者がだれであるかが明示されていないからといって、それだけで直ちに訴因の記載として罪となるべき事実の特定に欠けるものとはいえないと考えられるから、訴因において実行行為者が明示された場合にそれと異なる認定をするとしても、審判対象の画定という見地からは、訴因変更が必要となるとはいえないものと解される。とはいえ、実行行為者がだれであるかは、一般的に、被告人の防御にとって重要な事項であるから、当該訴因の成否について争いがある場合等においては、争点の明確化などのため、検察官において実行行為者を明示するのが望ましいということができ、検察官が訴因においてその実行行為者の明示をした以上、判決においてそれと実質的に異なる認定をするには、原則として、訴因変更手続を要するものと解するのが相当である。しかしながら、実行行為者の明示は、前記のとおり訴因の記載として不可欠な事項ではないから、少なくとも、被告

人の防御の具体的な状況等の審理の経過に照らし、被告人に不意打ちを与えるものではないと認められ、かつ、判決で認定される事実が訴因に記載された事実と比べて被告人にとってより不利益であるとはいえない場合には、例外的に、訴因変更手続を経ることなく訴因と異なる実行行為者を認定することも違法ではないものと解すべきである。」

[4] 平成13年決定によって示された一般的基準
　平成13年決定は、事例判断とはいえ、訴因の果たすべき機能を正面からとらえ、既に述べた学説の状況も考慮して、以下のとおり、訴因変更の要否についての一般的な判断基準を示したものと評価できる。
　(ｱ)　審判対象の画定のために必要な事項（＝訴因の記載として不可欠な事項）が変動する場合には、訴因変更手続が必要である。
　(ｲ)　(ｱ)以外であっても、被告人の防御にとって重要な事項が変動する場合には、原則として訴因変更手続が必要である。
　(ｳ)　(ｲ)の場合でも、審理経過等から被告人に不意打ちを与えるものではなく、かつ、判決で認定される事実が訴因に記載された事実と比べて被告人にとってより不利益であるとはいえない場合には、例外的に、訴因変更手続は不要である。

8　平成24年決定

[1]　事案の概要
　本件は、被告人が、自殺しようと考え、自宅1階リビングダイニングに都市ガスを充満させた上、これに引火、爆発させて自宅に放火したという現住建造物等放火事件である。
　被告人が都市ガスに引火、爆発させた方法に関する控訴審の認定と訴因が異なっており、訴因変更手続を経る必要があったか否かが問題となった。

[2]　審理の経過
　本件公訴事実の要旨は、「被告人は、借金苦等からガス自殺をしようとして、平成20年12月27日午後6時10分頃から同日午後7時30分頃までの間、長崎市内に所在するAらが現に住居に使用する木造スレート葺2階建ての

当時の被告人方（総床面積約 88.2 平方メートル）1 階台所において、戸を閉めて同台所を密閉させた上、同台所に設置されたガス元栓とグリル付ガステーブルを接続しているガスホースを取り外し、同元栓を開栓して可燃性混合気体である P13A 都市ガスを流出させて同台所に同ガスを充満させたが、同ガスに一酸化炭素が含まれておらず自殺できなかったため、同台所に充満した同ガスに引火、爆発させて爆死しようと企て、同日午後 7 時 30 分頃、同ガスに引火させれば爆発し、同被告人方が焼損するとともにその周辺の居宅に延焼し得ることを認識しながら、<u>同ガステーブルの点火スイッチを作動させて点火し、同ガスに引火、爆発させて</u>火を放ち、よって、上記 A らが現に住居に使用する同被告人方を全焼させて焼損させるとともに、B らが現に住居として使用する木造スレート葺 2 階建て居宅（総床面積約 84.93 平方メートル）の軒桁等約 8.6 平方メートル等を焼損させたものである」（下線は筆者）というものである。

　第一審では、被告人は、放火の実行行為をしていない（被告人がガスを吸って気を失った際に被告人の右側頭部が点火スイッチに当たったもので、刑法上の「行為」に当たらない）、実行行為をしていたとしても、被告人には故意がなく、また責任能力がなかったと主張し、被告人が故意に頭部でガスコンロの点火スイッチを押して作動させて充満したガスに引火、爆発させたとする被告人の自白調書の信用性を争った。第一審判決（長崎地判平 22・6・15 刑集 66 巻 4 号 608 頁）は、被告人の上記主張を排斥し、被告人の自白調書の信用性を肯定して、被告人が上記ガスに引火、爆発させた方法（公訴事実の下線部分）について、訴因の範囲内で、ガスコンロの「<u>点火スイッチを頭部で押し込み、作動させて点火し、同ガスに引火、爆発させて</u>」（下線は筆者）と認定した。

　被告人・弁護人が控訴し、控訴審では、被告人の自白調書及び被告人の第一審公判における供述の信用性に関する証拠が取り調べられ、控訴審判決（福岡高判平 23・4・13 刑集 66 巻 4 号 631 頁）は、第一審判決のような被告人の行為を認定することはできないとして第一審判決を破棄し、訴因変更手続を経ずに、上記ガスに引火、爆発させた方法を特定することなく、被告人が「<u>何らかの方法により、同リビングダイニングに充満した同ガスに引火、爆発させ</u>」（下線は筆者）たと認定したところ、弁護人が上告した。

[3] 平成24年決定

「被告人が上記ガスに引火、爆発させた方法は、本件現住建造物等放火罪の実行行為の内容をなすものであって、一般的に被告人の防御にとって重要な事項であるから、判決において訴因と実質的に異なる認定をするには、原則として、訴因変更手続を要するが、例外的に、被告人の防御の具体的な状況等の審理の経過に照らし、被告人に不意打ちを与えず、かつ、判決で認定される事実が訴因に記載された事実と比べて被告人にとってより不利益であるとはいえない場合には、訴因変更手続を経ることなく訴因と異なる実行行為を認定することも違法ではないと解される（最高裁平成11年(あ)第423号同13年4月11日第三小法廷決定・刑集55巻3号127頁参照）。

原審において訴因変更手続が行われていないことは前記のとおりであるから、本件が上記の例外的に訴因と異なる実行行為を認定し得る場合であるか否かについて検討する。第一審及び原審において、検察官は、上記ガスに引火、爆発した原因が本件ガスコンロの点火スイッチの作動による点火にあるとした上で、被告人が同スイッチを作動させて点火し、上記ガスに引火、爆発させたと主張し、これに対して被告人は、故意に同スイッチを作動させて点火したことはなく、また、上記ガスに引火、爆発した原因は、上記台所に置かれていた冷蔵庫の部品から出る火花その他の火源にある可能性があると主張していた。そして、検察官は、上記ガスに引火、爆発した原因が同スイッチを作動させた行為以外の行為であるとした場合の被告人の刑事責任に関する予備的な主張は行っておらず、裁判所も、そのような行為の具体的可能性やその場合の被告人の刑事責任の有無、内容に関し、求釈明や証拠調べにおける発問等はしていなかったものである。このような審理の経過に照らせば、原判決が、同スイッチを作動させた行為以外の行為により引火、爆発させた具体的可能性等について何ら審理することなく「何らかの方法により」引火、爆発させたと認定したことは、引火、爆発させた行為についての本件審理における攻防の範囲を越えて無限定な認定をした点において被告人に不意打ちを与えるものといわざるを得ない。そうすると、原判決が訴因変更手続を経ずに上記認定をしたことには違法があるものといわざるを得ない。」

もっとも、平成24年決定の多数意見は、上記の違法は、いまだ原判決を破棄しなければ著しく正義に反するものとは認められないとして、結論として上告を棄却した。

9　まとめ

　以上のように、訴因変更の要否の判断基準は、学説と実務の相互作用によって平成13年決定で示された一般的基準が導かれ、平成24年決定は、平成13年決定の一般的基準に照らして訴因変更手続が必要とされた事案として、平成13年決定の射程を明らかにし、実務における法の解釈・適用の指針となることが期待されている。

　このような学説と実務の相互作用を理解することは、今回、紙幅の関係で触れることができなかった諸問題や今後の課題を解決する基礎となるだろう。

〈参考文献〉
本文掲記のもののほか、
（訴因変更の要否に関する比較的最近のものとして）
・田口守一「仲間割れ殺人事件」井田良ほか編『事例研究 刑事訴訟法〔第2版〕』（日本評論社、2015年）548頁以下
・植村立郎「ホームレスの万引き」井田良ほか編『事例研究 刑事法 Ⅱ 刑事訴訟法〔第2版〕』（日本評論社、2015年）725頁以下
・岩瀬徹「訴因変更の要否」井上正仁・酒巻匡編『刑事訴訟法の争点』（有斐閣、2013年）120頁
・家令和典「訴因の特定と訴因変更の要否」松尾浩也・岩瀬徹編『実例刑事訴訟法Ⅱ 公訴の提起・公判』（青林書院、2012年）17頁
・三好幹夫「演習 刑事訴訟法」法教446号（2017年）146頁
・斎藤司「訴因論の思考プロセスとその活用その2――訴因変更の要否」法セミ751号（2017年）108頁

（最高裁平成13年決定に関して）
・池田修・最判解平成13年度57頁以下
・大澤裕・植村立郎「共同正犯の訴因と訴因変更の要否」法教324号（2007年）80頁以下
・井上弘通「訴因変更の要否」判例百選〔第8版〕102頁
・三井誠「訴因変更の要否」判例百選〔第9版〕98頁
・大澤裕「訴因の機能と訴因変更の要否」法教256号（2002年）28頁

・木谷明「訴因変更の要否に関する平成13年判例への疑問」浅田和茂ほか編『改革期の刑事法理論』(法律文化社、2013年) 259頁
・上田信太郎「訴因変更の要否」判例百選〔第10版〕102頁

(最高裁平成24年決定に関して)
・岩﨑邦生・最判解平成24年度163頁以下

第10章

自白の任意性

村山浩昭　大阪高等裁判所部総括判事

1　自白とその任意性

　刑事裁判においては、事実は証拠によって認定される（刑訴法317条）。その証拠の中でも、重要な地位を占めているのが自白である。自白とは、一般に、自己の犯罪事実の全部又は主要な部分を認める被疑者又は被告人の供述を指す。この自白について、刑訴法は二つの法規制を設けている。一つは、その供述が任意にされたものでない疑があるときは証拠とされない、という証拠の許容性に関する規制である。もう一つは、自白があっても、それが被告人にとって不利益な唯一の証拠である場合は有罪とされない、という証拠の証明力に関する規制である。前者を自白法則と呼び、後者を補強法則と呼んでいる。本稿においては、自白法則、すなわち、自白の証拠としての許容性（証拠能力）の問題について説明する。なお、犯罪事実の一部を認める供述や犯罪事実を推認させる間接事実を認める供述は、「不利益事実の承認」と呼ばれ、一応自白とは区別されているが、いずれの場合も、任意性がその証拠能力の要件とされている（刑訴法319条1項、322条1項）。

2　任意性に疑いのある自白は証拠とされない（自白法則）

　憲法38条2項は、「強制、拷問、若しくは脅迫による自白又は不当に長く抑留若しくは拘禁された後の自白は、これを証拠とすることはできない」と定めている。また、これを受けた刑訴法319条1項は、「強制、拷問、又は

脅迫による自白は、不当に長く抑留又は拘禁された後の自白その他任意にされたものでない疑のある自白は、これを証拠とすることはできない」と定めている。大変よく似ているが、刑訴法には「その他任意にされたものでない疑のある自白」（以下「任意性に疑いのある自白」という）となっていて、それ以前の自白が、例示であることが明確になっている。この両者の関係をどう理解するかについては学説上争いがあるが、最大判昭45・11・25（刑集24巻12号1670頁）は、「任意になされたものでない疑のある自白」を証拠に採用することは、「刑訴法319条1項の規定に違反し、ひいては憲法38条2項にも違反する」と判示し、判例上、両者の適用範囲は同一であることが示された。

3　自白法則の根拠

なぜ、任意性に疑いのある自白は証拠とされないのか。強制や拷問によって獲得された自白が証拠とされないというのは、極めて常識的である。しかし、なぜそうしなければいけないのかというと、その説明は一様ではない。

自白は、本来信用できるものと考えられてきた。なぜなら、犯罪は、これを行った者が一番よく知っているはずだし、また、犯罪という悪いことを自分がやったと認めるのは実際にやったからで、やってもいないのに自分に不利益になることを承知でやったと認めることなど通常あり得ないと思われるからである。しかし、それ故に、犯人が一見明白でない場合に、犯人と疑われた者が厳しい取調べを受け、時には拷問の末に虚偽の自白を迫られるといった事態が昔から生じていた。そこで、この自白法則が採用されるようになったのである。

このような事情を踏まえ、自白法則の趣旨について、次のようないくつかの説明がなされている。

① 　虚偽排除説

強制して自白をさせると、本当は無実なのに犯行を自分が行ったと認めざるを得なくなり、真実発見という刑事訴訟の目的に反することになる。刑訴法319条1項で示されたような自白は、類型的に虚偽のおそれがあり、信用性に乏しいから排除されるのである。これは英米の伝統的な考え方で、この説によれば、自白が排除される（証拠とされないことを指す）判断基準は、類

型的に虚偽の自白を誘発するおそれが大きいかどうかによることになる。
② 人権擁護説
　憲法38条2項は、同条1項の黙秘権の保障を担保するための規定だと理解する。黙秘権、すなわち供述の自由を保障するために自白法則があると考え、刑訴法319条1項で示されたような自白は、いずれも、供述の自由を制約するものだから排除されるというのである。条文で使われている「任意」という言葉は、供述の自由という観点から理解するのが自然でもある。この説によれば、自白が排除される判断基準は、黙秘権の侵害、すなわち供述の自由の制約があったか否かによることになる。
③ 違法排除説
　この考え方は、違法収集証拠排除法則を自白にも適用するもので、自白獲得手続の適法性を担保するために自白法則があると考える。刑訴法319条1項で示されたような自白は、その獲得手続が違法であるから排除されるというのである。
　違法排除説は、前の二つの考え方とは観点が異なっている。虚偽排除説も人権擁護説も、自白する側、つまり供述者側の事情である供述者の意思決定への影響に着目しているのに対し、違法排除説は、自白を獲得する側（捜査機関側）の事情である自白獲得手段の違法性に着目する。この説は、「任意」という言葉から離れる感があるが、条文に「強制、拷問」等と自白獲得手段を具体的に列挙している点には適合する。また、このように解することによって、自白の証拠能力の判断基準を客観化できるとともに、自白の証拠能力を判断することによって、取調べの規制もできる（許される取調べと許されない取調べを明確に分けることができる）と主張する。この説によれば、自白獲得過程に違法性があるか否かが、文字どおり自白が排除される判断基準になる。
　以上の3つの考え方を紹介したが、これらは相対立するものではない。しかし、場合によっては、どの説に依拠するかで証拠となるのか否かの結論が分かれることがある。この点については、後に事例で考える。従来は虚偽排除説と人権擁護説の趣旨を並列的にあげる折衷的な考え方が主流であると言われていた。虚偽排除説だと、強制された自白でも、内容が真実と合致していた場合は本来排除しにくいし、人権擁護説だと、違法、不当な方法で獲得された類型的に虚偽のおそれのある自白でも、強制とまではいえない場合は

排除しにくいことから、両方の趣旨を併せていずれの場合も自白は証拠とならないと考えるのである。しかし、近時は、違法排除説が学説で有力（場合によっては多数説とされる）となっている。筆者は、自白法則の根拠は多元的なものであって差し支えなく、違法排除説には、たしかに違法な取調べを規制する機能があり、その点は適正手続の観点からは非常に魅力があるが、取調べの違法をすべて「任意性」の中で解決するのが良いのかは疑問に思っている。その点は、後に別に述べる。

4 裁判例とその検討

具体的な事例に基づいて自白法則について考えてみる。

[1] 約束による自白（最二小判昭41・7・1刑集20巻6号537頁）
この事件は、収賄の被疑者として取調べを受けていた甲の自白調書の任意性が問題となった。
（事実経過）
甲は、贈賄者とされる乙からの金品受領の事実は認めたが、受領する意思はなかったとして犯行は否認していた。一方乙の弁護人Bは、事件の担当検事Pと会った際、Pから、「甲が素直に金品授受の犯意を自供して改悛の情を示せば、検挙前に金品は返還しているということだから、起訴猶予も十分あり得る」と内意を打ち明けられ、甲に率直に真相を自供するよう勧告したらどうかといった示唆を受けた。そこで、Bは、甲の弁護人であるAと一緒に留置中の甲と面会し、「改悛の情を示せば起訴猶予にするとPが言っているから、真実もらったものなら正直に述べた方がよい」旨を甲に伝えた。甲は、これを信じ、起訴猶予になることを期待して金品を貰い受ける意図や金銭の使途等を自白するに至った。しかし、甲が貰った金銭の大半を費消していることが判明したため、Pは甲を起訴した。
第一審（岡山地判昭37・12・20刑集20巻6号544頁参照）は、この自白調書を証拠として甲を有罪とし、甲が控訴したが、控訴審（原審）は、前記のような事実関係を認めた上で、「自白の動機が右のような原因によるものとしても、捜査官の取調べそれ自体に違法が認められない本件においては、前記各自供調書の任意性を否定することはできない」として控訴を棄却した。

これに対して、甲の側で、原審の判断は、「検察官が直接被疑者に対し不起訴処分にする旨を約束して供述させた場合、その自白は任意になされたものでない疑がある」とした福岡高判昭29・3・10（高刑判特26号71頁）に相反するとして上告した。
（判旨）
　上告棄却。
　しかし、要旨次のように述べている。
　原判決は、上告人の指摘する高裁の判例と相反する判断をしたこととなり、刑訴法405条3号後段に規定する、最高裁判所の判例がない場合に控訴裁判所である高等裁判所の判例と相反する判断をしたことに当るものといわなければならない。そして、本件のように、被疑者が、起訴不起訴の決定権をもつ検察官の、自白をすれば起訴猶予になる旨のことばを信じ、起訴猶予になることを期待してした自白は、任意性に疑いがあるものとして、証拠能力を欠くものと解するのが相当である。
　もっとも、上記のような判示をする一方で、当該自白調書を除外しても、第一審判決の挙示するその余の各証拠によって同判決の判示する犯罪事実を優に認定することができるから、前記判例違反の事由は、同410条1項但書にいう判決に影響を及ぼさないことが明らかな場合に当り、原判決を破棄する事由にはならない旨を述べて、上告を棄却した。
（検討）
　この判例は、一般に「約束による自白」といわれているので、そのようなタイトルで紹介したが、事実関係はかなり複雑であり、「約束による自白」といってよいかは微妙である。検察官Pは、甲に対して起訴猶予になることを直接話した訳ではないし、PのBに対する話は、前提事実を誤認した上で、単に事件処理の見通しを述べただけといえなくもない。また、Pの話を聞いたのは、甲の弁護人Aではなく、贈賄側の弁護人Bであり、Bが実質的には甲の弁護人的な立場でもあったことや、甲の弁護人Aの同席のもとで甲にPの話として伝えたことを考慮しても、客観的に検察官Pと甲の間で「自白すれば起訴猶予にする」という約束があったと認めることは困難であろう。少なくとも、上告人が引用した高裁の判決のような約束の明らかな事例とは相当事情が異なっているといえる。
　先に紹介した考え方からは、この判例はどのように理解されるか。約束が

あったか否かはともかく、甲としては、自白すれば検察官Pは自分を起訴猶予にしてくれると信じて自白したものと考えられる。起訴猶予になるのであれば、真実と違っても自白してしまう可能性があるから、この判例の場合、虚偽の自白を誘発するおそれはあったと考えられるので、虚偽排除説からは証拠排除という結論になりやすい。人権擁護説からだと、自白をしようとした動機に問題はあるものの、自白をすること自体に、自由な意思決定を妨げるような強要があったとはいいにくいであろう。違法排除説ではどうか。本件は約束自体を明確に認めるのは困難であると筆者は考えているが、仮に、約束があったとして、約束すること自体及び約束した内容が違法といえるかは評価が分かれるところであろう。なお、取調官がそもそも起訴猶予にする気もないのに自白すれば起訴猶予にすると騙して自白させた場合は、今問題にしている約束による自白とは異なり、次にみる偽計による自白ということになろう。事後に起訴したことが約束不履行ではないかとの問題もあるが、前提事実が違ってしまった以上不履行といえるかは疑問であり、また、違法排除説が自白の獲得過程の違法性を問題にする以上、自白後の事情が自白の任意性を左右するというのは、論理的な説明に窮するのではないか。以上により、この判例は、虚偽排除説によったものと理解するのが最も無理がないように思われる。

　なお、刑事訴訟法等の一部を改正する法律（平成28年法律第54号）において、証拠収集等への協力及び訴追に関する合意制度が創設された（この部分は、平成30年6月1日施行）。財政経済犯罪や薬物銃器犯罪のような摘発が難しい犯罪について、検察官と被疑者、被告人が、弁護人の同意がある場合に、被疑者、被告人が他人の刑事事件について証拠収集等への協力をし、かつ、検察官がそれを考慮して、その被疑者、被告人に対して、公訴提起をしないとか特定の求刑をするなどの取扱いをすることを内容とする合意をすることが認められた（刑訴法350条の2ないし15）。これは、被疑者、被告人の犯罪と他人の刑事事件が密接に関わっている場合（共犯事件等）、検察官と自己に有利な約束をした上で、他人のことも含めて自白することが想定される。もとより、弁護人の同意などの一定の要件が必要ではあるが、この場合には、約束の上で自白したからといって、任意性に疑いは生じないことになろう。

[2] 偽計による自白（東京地判昭62・12・16判時1275号35頁、判タ664号252頁）

この事件は、昭和60年に東京の女子大の寮で起きた強盗強姦未遂事件の被疑者として逮捕・勾留された甲の自白調書が問題となった。
（事実経過）
この事件では、犯人が裸足で逃走した際に遺留したデッキシューズ1足（以下「本件シューズ」という。）と、寮の敷地内の犯人のものと推認される素足痕数個のほかには捜査の手がかりがなかった。

甲は、この事件の約1か月半後に別件の窃盗事件で逮捕された者であるが、警察犬の臭気選別を実施したところ、甲が本件シューズを着用していたことをうかがわせる結果が出た。そこで警察官は、甲が前記の別件で執行猶予付きの有罪判決を受けて釈放されると、その直後に甲を本件被疑事実で逮捕した。甲は、本件被疑事実を否認していたが、勾留延長後からは連日長時間の取調べが行われ、警察官は大声で怒鳴ったり、甲の座っている椅子を足蹴りするなどした。本件シューズを示された甲が知らないと述べると、警察官は、口々に「お前のだ」と怒鳴ったり、甲の頭を指で小突くなどした。さらにそのうちの一人が、「今の発達した科学では、人間の分泌物から細かく枝分かれした血液型を知ることができ、指紋と同様、同じ分泌物の人間は1億人に1人しかいないが、本件シューズの分泌物がお前のと一致した」旨を述べた。甲は、もはや何を言っても無駄であるとの思いから抵抗の気力を失い、絶望の余り頭を机に打ちつけたり、号泣した後、犯人はお前かという警察官の問いに概括的にこれを認めてしまい、警察官がその結論だけを記載した調書を作成するとこれに署名押印してしまった。その後甲は、警察官の誘導に乗ったり、積極的に迎合したりして自白を続け、検察官に対しても自白した。

公判における証拠調べの結果、本件シューズ内に印されている足型や素足痕の足型が甲のそれとは明らかに異なっていること、本件シューズに残された汗等の体液から判明した血液型が甲のそれとは一致しないことが明らかになった。
（判旨）
前記証拠調べの結果から、甲が犯人でないことは明白であるとして甲に無罪を言い渡したが、その中で、甲の自白調書について次のように判示した。警察官が、「被告人に対し前記のような強い心理的強制を与える性質の分泌

物検出云々のあざとい虚言を述べて自白を引き出した点のみで既に許されざる偽計を用いたものとして、その影響下になされた被告人の自白調書等はすべてその任意性を肯定できないと解すべきところ、加えるに、その余の既述の苛烈な取調方法をも併せ考えると、とうていその任意性などはこれを認めることはできない。

（検討）

　この判決は、偽計による自白の事例として有名だが、この事案の被疑者に対する取調べは極めて問題が多く、判決が「苛烈な取調方法」と指摘しているほどである。具体的には、深夜にまで及ぶ長時間の取調べは言うに及ばず、怒鳴ったり暴行を加えたりといった違法な取調べをする中で、その一つとして偽計が用いられた。偽計とは、本件の場合、虚偽の事実を告げて、被疑者を錯誤に陥らせたことを意味する。警察官の前記の発言（分泌物からの血液型判定の結果）は、警察官としては内容が虚偽であることを知りつつ被疑者にこれを告げ、しかもその内容は客観性をもったものと受け取られやすいもので、被疑者がいくら否認しても受け容れられないとあきらめさせるのに十分である。その結果警察官の求めるとおり自分が犯人であることを認めたのであるから、虚偽の自白を誘発するおそれが極めて高い状況であり、また、供述の自由を大きく制約していると評価でき、さらに、警察官のこのような取調方法は極めて違法不当であって許されないものといえよう。このケースの場合は、先に紹介したどの説に立っても、自白は排除されることになるであろう。

　偽計による自白の事例としては、この判決以前に、偽計による自白のリーディングケースといわれる、いわゆる切り違え尋問による自白（最大判昭45・11・25刑集24巻12号1670頁）がある。これも簡単に紹介しておく。銃刀法違反の事件で、被疑者に対し、その妻が被疑者との共犯関係を自白した旨の虚偽の事実を伝えて被疑者から自白を得た上、次に被疑者の妻に対し、被疑者が共犯関係を自白した旨を告げて共犯関係の自白を得たというものである。原審（大阪高判昭42・5・19判時503号81頁）は、偽計による自白は、その動機に錯誤があるにとどまり虚偽の自白を誘発する蓋然性は少ないことを理由に、被疑者及びその妻の自白の任意性を肯定した。しかし、最高裁は、「捜査手続といえども、憲法の保障下にある刑事手続の一環である以上、刑訴法1条所定の精神に則り、公共の福祉の維持と個人の基本的人権の保障と

を全うしつつ適正に行われるべきものであることはいうまでもないところであるが、もしも偽計によって被疑者が心理的強制を受け、その結果虚偽の自白が誘発されるおそれのある場合には、右の自白はその任意性に疑いがあるものとして、証拠能力を否定すべきであり、このような自白を証拠に採用することは、刑訴法319条1項の規定に違反し、ひいては憲法38条2項にも違反するものと言わなければならない」と述べて、原判決を破棄した。この判決をどのように理解すべきであろうか。偽計を用いた取調べが違法であること、それが自白を排除した主たる理由であり、その意味では違法排除説的な考え方を示したものとの理解がある（田宮裕・ジュリスト470号104頁、小田中聰樹・昭和45年度重判解説〔ジュリスト482号〕155頁）。たしかに、偽計が供述者に対してどのように影響を及ぼしたのかを、たとえば、供述者の年齢、知能、自白したときの精神状態等の検討によって判断することなく自白を排除しているので、自白獲得過程の違法が直接的に排除の理由になっているとの理解も可能であろう。しかし、判示としては、「偽計によって被疑者が心理的強制を受け、その結果虚偽の自白が誘発されるおそれのある」との文言を無視することはできず、虚偽排除説からの説明と理解するのが素直であるように思われる（松尾浩也・警察研究44巻4号93頁）。

5　任意性の立証

　二つの裁判例につき、判旨だけではなく、事実経過をある程度詳しく紹介した。これには、二つの理由がある。第一の理由は、事案を正しく理解するには、前提となる事実を具体的かつ、的確に把握する必要があるからである。特に審級によって判断が分かれている場合には、事実経過のどの点を重視したかで結論が分かれることがある。そのような場合は、最高裁の判決の要旨のみを覚えるのではなく、判断の分かれ目は何なのか、分かれ目となった事実を見極めてほしいのである。その事実こそが、結論を分ける重要な事実であり、実務的には、そのような事実を敏感に感じ取ることができるか、着目できるかが極めて重要である。

　第二の理由は、実務家は、自白法則の判断基準もさることながら、任意性に関する証拠調べ自体に相当神経を使っていることを理解してほしいからである。これが、任意性の立証の問題である。

任意性については、事実経過で指摘したような事実がある程度明らかにならないと排除（証拠能力を認めない）という結論にならない場合が多く、弁護人からは、それでは立証責任が逆転しているのではないかと批判されてきたところである。密室の中での被疑者と取調官のやりとりを再現することは容易ではなく、水掛け論になってしまうことも多くあった。もとより、任意性の立証責任は検察官にある。また、その判断に際しては、被疑者の年齢、経歴といった属人的な要素も含めて、自白に至った経緯や自白した際の状況等を総合して具体的に判定される。しかし、自白調書には、供述調書末尾に署名押印があり、その前には被疑者が供述拒否権の告知を受けた上で取調べを受け、できあがった調書の閲覧又は読み聞かせを受けて、誤りがないことを確認した旨の記載があることから、任意性が推定されると考えられている。そうすると、任意性を争う側で任意性を疑わせる具体的な事情を主張し、法廷で証拠を提出する必要が生じる。検察官は、そのような事情はなかったと争っていけばよいことになりかねない。これでは、被告人弁護人側に大きな負担を負わせることになりかねず、結論としても、任意性に疑いを生じさせる事情を法廷に提出できなかったために任意性が肯定されるということになりがちであったことは否定できない。

　そこで、任意性についての立証責任が検察官にあることを直視し、前記の任意性の推定を「必ずしも高いものではない」（植村立郎・注釈刑訴〔新版〕5巻180頁）、「ある程度の事実上の推定に止まる」（大谷剛彦「自白の任意性」新実例刑訴・140頁）と理解し、自白した状況、特に否認していた被疑者の場合は、否認から自白に転じた経緯や状況を検察官に積極的に立証させることが必要であると考えるようになってきた。また、近時は、任意性に関する審理をより客観的な資料を使って、より分かり易くすることが可能となってきた。これは、裁判員裁判の影響という面も否定できないが、任意性に関する審理、さらには、取調べにおいて供述の任意性をどのように確保するかという重要な問題についての大きな改善となることが期待される。一つには、取調べの状況を記録した書面その他の資料の活用が推進された。以前から取調経過一覧表の活用（井上弘通・小坂敏幸「取調経過一覧表の機能的考察」判タ765号17頁）などは紹介されていたが、公判前整理手続が導入される中で証拠開示が強化され、開示の対象となる証拠にまさに取調べの状況を記録した書面が規定され（刑訴法316条の15第1項8号）、証拠開示を通じて弁護人が

その書面を活用できるようになった。もう一つとして、この点での大きな変革といってよい立法が成立した。取調べの可視化を図る、取調べの状況の録音・録画制度が立法化されたのである。これは、捜査の在り方や検察の在り方などを見直すための検討が行われ、その中で提言されていたことである（法制審特別部会「新たな刑事司法制度の構築についての調査審議の結果」参照）。それが、「刑事訴訟法等の一部を改正する法律」（平成28年法律第54号）の一部として成立した。これによれば、身柄拘束中の被疑者の場合、裁判員裁判対象事件と検察官独自捜査事件については、警察官も検察官も取調べの状況を、その開始から終了に至るまでを記録媒体に録音・録画しなければならなくなった。公判において、被告人の自白（不利益事実の承認）が証拠請求され、被告人又は弁護人がその自白の任意性を争った場合、検察官は前記の記録媒体（現状ではDVD）を証拠請求しなければならなくなったのである（刑訴法301条の2）。この改正法によれば、録音・録画の対象となる事件は限定的であり、また、平成31年6月2日までに施行されることになっているが、検察庁は、既に、この法定された範囲を超えて、たとえば裁判員裁判の対象とならない合議事件や単独事件でも逮捕時に否認している事件、さらにはより広範に逮捕して勾留請求する事件等でも録音・録画を実施しているようである。法律上は弁護士会などが求めている全面可視化とはいえないが、運用によって、それに近い形が実現できるのではないかとの期待を抱かせる。これによって、今までややもすると水掛け論になっていた取調べの中での出来事が、客観的な資料に基づいて認定できるようになることは明らかである。そして、何よりも、取調官にとっては、録音・録画していること自体が、行き過ぎた取調べを抑制することにつながる。

　このような改革により、任意性をめぐる争いは以前よりもずっと少なくなるし、記録媒体という客観的な証拠を取り調べることによって、任意性判断をより客観的、合理的にできるようになることが期待できるし、現に現在でもDVDの取調べがおこなわれているところである。

　なお、この関連で1点付け加えておきたい。近時、検察庁では、DVDを再生することによって再現される被告人の供述や態度を、実質証拠（任意性に関する証拠ではなく、犯罪事実を認定するための証拠）として使おうという動きが見られ、弁護人との間で議論されている。裁判所が最終的にこれを認めるかどうかは今後の問題であるが、本来任意性に関する証拠を、実質証拠と

して使ってよいといえるかは、慎重な検討が必要であろう。

6　その他の裁判例の紹介など

　最後に、違法な取調べによって得られた自白についてどう考えるかという点に言及し、自白の証拠能力が否定された事例をいくつか類型に分けて紹介する。

　捜査は適正になされなければならず、それは取調べやそれに先立つ手続であっても同じであり、違法な手続で得られた自白は、違法収集証拠排除法則により証拠排除されることがあるのは当然であろう。証拠物の場合はその客観的な証拠価値は手続が違法であっても基本的に変わらないのに対し、供述の場合は、供述者の心理状態等に影響を与え内容をも歪める可能性があることは、虚偽排除説をまつまでもなく十分考えられる。その意味では、証拠物よりも一層自白の方が排除される必要性が高いといえる。しかし、「任意性」という枠組みですべてを解決する必要はなく、「任意性」については虚偽排除説と人権擁護説をベースにした伝統的な理解でよいのではないか、その枠組みから外れるような違法な取調べ等によって得られた自白は、違法収集証拠排除法則を直接的に適用して排除するのが条文の文言に素直であるし、簡明である（「総合説」などと呼ばれている。島田仁郎・刑事訴訟法Ⅱ〔松尾浩也編〕298頁、石井一正「自白の証拠能力」大阪刑事実務研究会編・刑事公判の諸問題406頁）。違法排除説は、違法な取調べによって得られた自白を排除するために刑訴法319条1項という条文上の根拠を与えたものといえるが、違法収集証拠排除法則が実務的にも確立されている今やそのような条文上の根拠は不要と考えられる。

　続いて証拠能力が否定された自白を、ある程度類型に分けていくつか紹介する。

　(1)　まず、近時は問題となることはないと思われるが、かつては「不当に長く抑留若しくは拘禁された後の自白」が問題となった。窃盗の事案で被告人が逃亡するおそれもないのに109日間拘禁され、その後初めてなされた自白（最大判昭23・7・19刑集2巻8号944頁）、16歳に満たない少年を勾留の必要が認められないような事案で7か月余勾留し、その間に別罪たる放火罪について取調べをし、その間になされた自白に一貫性がなく、途中で犯行を

否認したことがある自白（最大判昭27・5・14刑集6巻5号769頁）などがある。

　また、これも現在はほとんど問題になることはないと思われるが、手錠をはめたままの取調べで得られた自白（最大判昭26・8・1刑集5巻9号1684頁）もある。

　(2)　取調官が取調べの中で述べたことや質問方法が不当であること理由として、任意性に疑いがあるとされるケースは多くない。先に紹介した偽計による自白として排除されたものはあるものの、取調官には取調べの際の発問等につきかなり広範な裁量権が認められている。たとえば、理詰めの質問や、何度も同じ質問を繰り返すこと、追及的な質問（たとえば、「君がこの事件の犯人ではないのか」などと追及すること）、さらには、捜査結果たとえば、本人のポリグラフの検査結果を告げた後の質問等は、それのみでは任意性を否定する事情とはならず、任意性に否定的な影響を及ぼす「特別の事情」があってはじめて不任意な自白とされている。

　(3)　次に、被疑者、被告人のための重要な権利保護のための手続を欠いた場合の自白の例を紹介する。

　弁護人の援助を受ける権利は、被告人又は身体を拘束された被疑者にとっては憲法上の権利である（憲法34条、37条）。これに関連して、拘束中の被疑者からの弁護人選任請求を無視して得られた自白が排除されたケースがある（大阪地判昭44・5・1判タ240号291頁）。一方、被疑者の接見交通権（刑訴法39条1項）につき、警察での身柄拘束中に接見時間が2～3分に制約され、しかも接見の際には警察官が立ち会ったという事案において、これらの措置が不当であるとしつつ、その措置と自白との間に因果関係が認められないとして任意性を認めたケースもある（最二小判昭28・7・10刑集7巻7号1474頁）。また、本来接見指定（刑訴法39条3項）が認められない場合であるのに、検察官が接見指定して、数人いるうちの一部の弁護人の接見を余罪の取調べが終わるまで認めなかった事案においても任意性が認められた（最二小決平元・1・23判時1301号155頁、判タ689号276頁）。

　黙秘権の告知を欠いた場合でもそれだけで直ちに任意性が否定されることにはならない（最三小判昭25・11・21刑集4巻11号2359頁）が、黙秘権の不告知が、警察官の黙秘権を尊重しようとの態度がなかったことを象徴し、被疑者の心理的圧迫の解放がなかったことを推認させるとして任意性を否定したケースも存在する（浦和地判平3・3・25判タ760号261頁）。

(4) 違法な手続、主として逮捕・勾留の手続に違法があった場合の自白の例を紹介する。

現行犯逮捕の要件はもとより、緊急逮捕の要件もないのに現行犯逮捕し、その身柄拘束中に得た自白を排除したケース（大阪高判昭40・11・8下刑集7巻11号1947頁）や任意捜査といいながら、事実上の身柄拘束にも近い9泊の宿泊を伴った連続10日間の取調べを行って得た自白について、違法は重大であり、違法捜査抑制の見地からしても証拠能力を付与するのは相当ではないとした事例（東京高判平14・9・4判時1808号144頁）がある。特に後者は、判決文中で、自白法則の問題もあることを認めた上で、その判断に先行して、違法収集証拠排除法則の適用の可否を検討するとして、その結果自白を証拠排除していることが注目される。この判決は、前記の総合説によるものと理解されているが、判断順序の問題として、自白法則よりも違法収集証拠排除法則を先に判断することを明示し、判断順序はこれでよいのかなどの議論を呼んでいる（詳しくは、平田元「取調べ手続の違法と自白」判例百選〔第9版〕162頁）。

最高裁の裁判例に、自白について違法収集証拠排除法則を適用したものを、筆者は寡聞にして未だ知らない。適用がないと考えているのであろうか、それとも、適用を示すべき適切な事案がないだけなのであろうか。注目されるところである。

〈参考文献〉

任意性については、どの刑事訴訟法の教科書にも説明があるが、論点として焦点を当てて論述のあるものは、本文中に記載したもの以外、以下のようなものがある。

- 大澤裕「自白の任意性とその立証」松尾浩也・井上正仁編『刑事訴訟法の争点〔第3版〕』（有斐閣、2002年）73頁
- 井上正仁・大澤裕・川出敏裕編『刑事訴訟法判例百選〔第9版〕』（有斐閣、2011年）所収の
  加藤克佳「約束による自白」（156頁）
  川出敏裕「偽計による自白」（158頁）
  小川佳樹「黙秘権の告知と自白」（160頁）
  小山雅亀「接見制限と自白」（164頁）

・井上正仁・大澤裕・川出敏裕編『刑事訴訟法判例百選〔第 10 版〕』（有斐閣、2017 年）が、拙稿が法学セミナーに掲載された後に出版された。こちらも参照されたい。なお、「偽計による自白」では、本稿でも若干触れた最高裁の「切り違い尋問による自白」がとりあげられている。
・守屋克彦『自白の分析と評価——自白調書の信用性の研究』（勁草書房、1988 年）39 〜 153 頁

第11章
自白の信用性の判断基準

石塚章夫　弁護士

1　はじめに

　刑事訴訟法の初学者にとって、自白の信用性の判断基準を学ぶことは結構難しいかもしれない。条文としては、刑訴法318条（自由心証主義）があるだけで（憲法38条3項と刑訴法319条2項を自白の証明力に関する規定と解すればさらにこの条文が加わるが）、具体的な事件における証拠（供述調書等の証拠書類や証拠物等）を検討しながら学ぶ外ないからである。しかし、実務においては、自白の信用性判断は極めて重要かつ深刻な問題である。これまで誤判と言われた裁判のほとんどは、この自白の信用性判断の誤りに起因している。一方で、検察官が、捜査官によって整然とまとめられ被告人自身の署名押印のある自白調書を提出し、他方で、弁護人と被告人が、その自白は信用できないと言って公判廷で争う場合、そのいずれが真実であるかの判断は大変難しい。この連載で前回、「自白の任意性の判断基準」を学んだと思われるが、本稿で検討対象となる自白は、「任意性はある」とされた自白である。刑罰を覚悟の上で、人は、任意に嘘の自白をするのだろうか。これまでの自白の信用性に関する判例の歴史を見ると、この問いに「イエス」と答えなければならない。本稿のテーマの難しさの所以である。以下、結果的に虚偽の自白であったことが明らかとなった二つの事例を手掛かりに考えてみたい。

2 自白の信用性が問題となった二つの事例

[1] 宇和島事件（松山地宇和島支判平12・5・26判時1731号153頁）
① 起訴された事件
　知人宅から貯金通帳と印鑑を盗み、これを用いて50万円を払い戻したという、窃盗、有印私文書偽造・行使、詐欺事件
② 捜査の経緯
　A氏は、被害者の女性と親しくしており、仕事を終えた後、被害者方に寄り、食事や入浴をしたり寝泊まりしていた。A氏は、被害者方の合鍵を所持し、被害者方に自由に出入りできた。そのような中で、被害者方から印鑑と通帳がなくなり、さらに通帳から50万円が引き出されていることに気付いた被害者が被害届を出した。
③ 自白の経緯
　警察は、被害者と上記のような関係にあったA氏に疑いを掛け、午前8時ころに警察署に任意同行を求めて取り調べた。取調べは午後零時ころまで続けられたが、A氏は犯行を否認した。
　昼食後の午後1時から取調べが再開されたが、A氏は引き続き否認した。そこで、警察官は、机を叩くなどしつつ、「証拠があるんやけん、早く自白したらどうなんや。実家の方に捜しに行かんといけんようになるけん、迷惑がかかるぞ。会社とか従業員のみんなにも迷惑が掛かるけん、早よ認めた方がええぞ。長くなると罪が重くなるぞ」などと述べて、A氏の供述を促した。
　A氏は、午後2時ころ（任意同行後約6時間経過後）、突然号泣し、「誰も自分の言うことを信じてくれない」と述べた後、自白した。警察官は、A氏を窃盗容疑で逮捕した。A氏は勾留質問時も自白を維持し、検察官は前記事実でA氏を起訴したが、起訴後は一貫して犯行を否認し続けた。
④ 裁判の経緯
　公判の途中で、強盗致傷容疑で逮捕された別の人物が本件被害者方での窃盗や貯金の払戻を自白し、起訴された。検察官は、本件のA氏について無罪の論告をし、裁判所も無罪の判決をして確定した。
⑤ 若干のコメント
　裁判所は、その無罪判決中で、後から起訴された別の人物が真犯人であることを、その自白内容及びその内容が客観的事実とも合致していることを根

拠に認定しており、A氏が無実であること、したがって、その自白が虚偽であったことは間違いないと思われる。

　しかし、この事件で、もし真犯人が現れなかったらどうだったであろうか。その自白には、盗んだとされる印鑑等のあった場所・本数・印鑑等の入っていた袋の形状が客観的事実と食い違ったり、貯金を引き出した日がそれを使った日よりも後であることなど、その信用性をぐらつかせる事情もあった。しかし逆に、貯金払戻の様子を撮影した防犯ビデオに写っている犯人がA氏と似ているという被害者の証言や、50万円の使途を追及されたA氏が、残った10万円を自分の車の中に隠してあると自白したため、A氏立会のもとで警察官が車を確認したところ、後部座席床マットの下から現金10万円入りの封筒が発見された、というような自白の信用性を増強させる事情も存在していた。特に車から発見された10万円は、捜査官が知らず犯人だけが知っている事情が自白によって明らかになり、自白の後にそれが裏付けられたとも評価でき、「秘密の暴露」という自白の信用性を相当に高める事情と言えなくもない（もっとも、真犯人でなくても、座席マットの下に10万円を隠しておくということはあり得るから、この点を完全な意味での「秘密の暴露」と言うことには無理がある）。

　このような事情と、A氏が、未だ任意同行で事情を聞かれている段階（逮捕状が執行される前の段階）で自白をしていることを併せると、真犯人の逮捕がなければ、自白が信用できるとしてA氏に有罪の判決がなされた可能性すなわち冤罪の可能性も否定はできない。自白の信用性判断の難しいところである。はじめにで述べたように、「任意に虚偽の自白をする」ことが現にあることがおわかり頂けたかと思う。宇和島事件の無罪判決は、その理由を次のとおり書いている。「被告人の自白は、自らの弁解が取調べに当たった警察官に信用してもらえないとの諦めの思い、また、たとえ嘘でも自白すれば家族や勤務先の会社に迷惑をかけずに済むとの思いから、自らはしていない犯罪について、想像を交えながら真実に反する供述をしているというべきであ」る（下線筆者）。

[2] 足利事件（宇都宮地判平 22・3・26〔再審無罪判決〕判時 2084 号 157 頁）

① 起訴された事件

わいせつ目的で幼女を連れ出し、殺害後にその死体を遺棄したという、わいせつ誘拐、殺人、死体遺棄事件

② 捜査の経緯

B 氏は、警察から不審な人物として狙いをつけられ、長期間尾行されていた。B 氏が捨てたゴミの遺留物が DNA 型鑑定に掛けられ、被害者の着衣に残された遺留物の DNA 型と一致するとの鑑定結果が出た（再審段階でこの鑑定が誤りであったことが明らかになっている）。

③ 自白の経緯（以下の経過は 2011 年 5 月 6 日付日弁連「足利事件調査報告書」による）

警察官は午前 8 時過ぎに B 氏に警察署までの任意同行を求め、午前 9 時ころから取調べを開始した。B 氏は取調べに対し、「やってません」と否認したが、繰り返し「お前がやったんだな」と押し問答が続いた。午前中にポリグラフ検査を受け、警察官は、「結果はクロとでている、お前がやったことは間違いない」と責めた。午後も同じような取調べが続き、夕食後も犯行時間帯は家に居た旨否認を続けたが、午後 10 時半ころまでに、犯行全部を自白した。警察官は、翌日午前 1 時過ぎに B 氏を逮捕した。

警察官は、20 日間の勾留期間中、ほぼ連日にわたって B 氏を取り調べ、21 通の供述調書を作成し、検察官も 5 日間 B 氏を取り調べて 4 通の供述調書を作成した。そのいずれにおいても、B 氏は一貫して事実を認めて具体的で詳細な自白をしている。その自白の骨格は、「当日夕方、パチンコ店駐車場で被害女児を自転車に乗せて誘い出し、渡良瀬川河川敷で、両手で首を絞めて殺した。その後、被害女児を裸にして死体を舐めるなどし、自慰行為に及んだ。被害女児が着用していた衣服はまとめて渡良瀬川の中に投棄した。」などというものであった。

④ 裁判の経緯

B 氏は、第一審においては、概ね自白を維持した（詳細に検討するとそうは言えないところがあるが、本稿では省略する）。

B 氏は、第 1 回公判期日の冒頭手続における被告事件に対する陳述として「公訴事実は間違いありません。申し訳ありませんでした。」と述べ、さらに、

同期日に行われた8点の証拠物の取調べにあたって、次のようなやりとりがある。

「……
　（検察官請求甲7号のパンツを示す。）
これに見覚えがありますか。
　はいあります。
誰の物ですか。
　真実ちゃんのものです。
事件当時、真実ちゃんがはいていた物ですか。
　はい、はいていました。
　（検察官請求甲8号のパンツを示す。）
これに見覚えがありますか。
　パンツは一枚であると思っていました。
分からないのですか。
　はい。
……
　（検察官請求甲11号のサンダル一個を示す。）
これに見覚えありますか。
　はい。
誰の物ですか。
　真実ちゃんの物と思います。
事件当時、真実ちゃんが履いていた物ですか。
　そうだと思います。
　（検察官請求甲13号のくつ下一枚を示す。）
これに見覚えありますか。
　くつ下はわかりません。
　（検察官請求甲16号のTシャツを示す。）
これに見覚えありますか。
　模様が分かりませんが、……分かりません。
記憶があるところと、記憶がないところがあるのですか。
　色は黄色だと思いますが、模様の部分が分かりません。」

裁判官席でこの自白を聞けば、誰でもB氏のこの自白を虚偽だとは思わないであろう。

一審判決は無期懲役であった。B氏は控訴審以降自白を撤回し全面無罪の主張をし続けたが、控訴棄却・上告棄却によって判決が確定した。その後DNA型鑑定の間違いが明らかになり、再審によりB氏の無罪が確定した。

⑤　若干のコメント

被害者の着衣に付着していた遺留物のDNA型（真犯人のもの）は、B氏のDNA型とは一致しないことが明らかになっており、B氏が無実であること、したがって、公判廷での自白を含めその自白がすべて虚偽であったことも明らかである。それでは何故、B氏は、逮捕前の任意同行の時点で虚偽の自白をし、さらに公判廷でもその虚偽自白を維持し続けたのであろうか。

B氏自身が後にその理由を語っている（菅家利和・佐藤博史『訊問の罠――足利事件の真実』〔角川書店、2009年〕）。

「どれだけ自分じゃないと言っても聞き入れてもらえず、脅迫と変わらない取り調べを受けているうちに、もうどうでもいいや、という気持ちになってしまいました。ヤケになったといえばそうですが、とにかく早くこんな恐怖からは逃げ出したいという気持ちが強くなったのです。それで私はとうとう、『自分がやりました』と口にしてしまいました。よく聞かれることですが、そのときに、それで自分が死刑になるかもしれないとか、どのくらい刑務所に入れられることになるのかとか、そうしたことは少しも考えませんでした。家族に迷惑をかけることになることも頭に浮かんできませんでした。そういう余裕は少しもなくて、このまま黙っていては、いつまでも責められるだけだと思えたので、それから逃れたかっただけです。」

またB氏は、その後の自白の展開について、次のように述べている。

「この頃は毎日が取り調べの連続で、とにかくつらくてたまりませんでした。少しでも早く取り調べが終わってほしかったので、こうだったのではないかと言われれば、そうですと答え、どうだったのかと訊かれれば、答えを必死で考えました。その頃の私には、そうしていくよりほかにラクになる方法は考えられなかったからです。私の供述のなかには、真犯人しか知らない「秘密の暴露」はひとつもありません。それも当然で、事件と無関係な私には、実際の犯行がどのように行われたのか知りようがなかったからです。たとえば、女の子の遺体が裸だったということも、警察に『これが遺体とは別のと

ころに捨てられていた衣服だ』と見せられて、はじめて知ったことのひとつでした。それで、そういうことを知るたびに私は、どこどこで服を脱がせました、というような供述を付け加えていったのです。<u>初公判で罪を認めたのも、お人好しと思われるかもしれませんが、裁判官なら、私が本当のことを言っていないと見破って私の無実をわかってくれると思ったからです。裁判所で本当のことを話せなかったもうひとつの理由は、傍聴席に刑事が来ているのではないかと思っていたことです。法廷で私が嘘の自白をしていたことを告白して、『本当はやっていません』などと話したりすれば、『何を言ってるんだ！』と、また怖い目に遭わされるのではないかと恐れていたのです。弁護士が付いていただろうと言われますが、そのときは弁護士は自分の味方とは思っていなかったのです。</u>」（下線筆者）

体験をしていない者がこれを理解することは難しいかもしれない。しかし、これが真実なのである。

それでは、Ｂ氏が否認に転じた控訴審以降の裁判官は、何故、自白が虚偽であることを見抜けなかったのであろうか。

3　自白の信用性の判断基準について

刑事裁判における事実認定の歴史は、自白の信用性判断を巡る悪戦苦闘の歴史と言っても過言ではない。近時、自白偏重の弊を脱するため、自白以外の情況証拠による事実認定の事例も増えてきているが、自白の信用性判断は、依然刑事裁判における枢要な課題であることに変わりはない。数多くの裁判例の蓄積とその研究を通じて、自白の信用性の判断ツールが進化してきた。

[1]　注意則の研究

田崎文夫ほか『自白の信用性』（司法研修所事実認定教材シリーズ3）は、その到達点である。

同書は、41の無罪事例、32の有罪事例、8の再審無罪事例を分析し、自白の信用性を判断する際の注意則について9つのカテゴリーを設け、それぞれのカテゴリーごとに2個ないし16個（合計94個）の注意則を挙げている。そのカテゴリーとは、A 自白の経過、B 自白内容の変動・合理性、C 体験供述、D 秘密の暴露、E 自白と客観的証拠との符合性、F 裏付けとなるべき物的証拠の不存在、G 犯行前後の捜査官以外の者に対する言動、H 被告人の弁

解、I 情況証拠との関係である。これら 94 の注意則を駆使して、自白の信用性を判断することになる。しかし、例えば、「A 自白の経過」についての注意則では、身柄拘束後の早期の自白、身柄不拘束中の自白、公判廷の自白は、一般的には信用性が高いとされているが、先にみた二つの事例はこれに当て嵌まらない。また、同書中で客観的情況との関連で自白内容に合理性がある例に挙げられているいわゆる布川事件は、同書刊行後の再審で自白の信用性が否定され無罪が確定している。このように、注意則の研究は、判断の項目としての有用性はあるが、「判断基準」としての有用性には限界がある。

[2] 心理学的研究

主に心理学者浜田寿美男による研究の成果である。自白（主に捜査段階での供述録取書）の信用性判断における浜田の方法は次のようなものである。まず、「被告人は本件犯行を体験した真犯人である」（仮説 A）と、「被告人は本件犯行を体験していない無実の者である」（仮説 B）との二つの仮説を立てる。次に、この仮説のそれぞれについて以下の 3 つの問題を検討する。すなわち、①犯行体験者（真犯人）が真の自白をした可能性・犯行非体験者（無実の者）が虚偽の自白をした可能性、②犯行体験者（真犯人）の供述であることを示す判別指標の有無・犯行非体験者（無実の者）の供述であることを示す判別指標の有無、③自白の変遷について犯行体験者（真犯人）としての説明可能性・自白の変遷について犯行非体験者（無実の者）としての説明可能性、そして、最後にこれらを総合して信用性の判断をする。

この方法は、①無実の者が虚偽の自白をする「転落過程」の心理、②体験してもいないことをあたかも体験したかのように供述する心理、③当面の苦痛を逃れるため将来の死刑のリスクに思いが及ばない心理などを解明し、また、「無知の暴露」といって、真犯人であれば当然述べているであろう事柄を、無実の者が述べていないことを自白の信用性判断の指標にすることなどを提起した。先の「注意則」研究とは全く違う切り口から自白の信用性判断の基準を提示したものである。しかし、この方法も、例えば、名張毒ぶどう酒事件第 7 次再審異議審（平成 18 年 12 月 26 日名古屋高裁決定）で排斥されたように、決め手となる方法にはなっていない。

このような現状から、自白の信用性判断について有効な基準を立てようとする営為それ自体を否定する論まで出ている（永住幸輝「宇都宮事件考——供

述証拠についての一考察」九大法学 99 号 1 頁)。

4 取調べ過程の可視化について

　そこで、最後の決め手とされるのが取調べ過程の可視化である。取調べの全過程を録音・録画し、それを検証すれば、自白が信用できるか否かは容易に判断できるはずである。

[1] 法制審議会答申
　2014（平成 26）年 7 月 9 日に、法制審議会「新時代の刑事司法制度特別部会」は、被疑者取調べの録音・録画制度の導入につき答申した。それによると、裁判員制度対象事件及び検察官独自捜査事件については、被疑者取調べ過程のすべてを録音・録画するものとされている。しかし、その対象事件は事件全体の 2％に過ぎず、残り 98％の事件は録音・録画が義務付けられていない。

[2] この対立の背景にあるもの
　録音・録画に反対したのは捜査機関側の委員で、その理由は、取調べを録音・録画すれば、容疑者の口が重くなって真相が解明できなくなってしまう、そうすると未解決事件が増え治安が悪化する、というものである。
　自白の信用性を的確に判断して冤罪をなくすという考え方と、真相を解明して治安を維持するという考え方が、ここで対立している。

5 皆さんに考えてほしいこと

　真相を解明し治安の維持するためなら冤罪者を出してもよいのか、と問われれば、多くの人は「ノー」と答えるであろう。しかし逆に、冤罪を回避するために有罪の犯人を野放しにしてよいのか、と問われれば、これまた多くの人は答えに躊躇するであろう。刑訴法 1 条は、「この法律は、刑事事件につき、公共の福祉の維持と個人の基本的人権とを全うしつつ、事案の真相を明らかにし、刑罰法令を適正且つ迅速に適用実現することを目的とする。」と規定しているが、その調和を実務の場で図ることは大変難しいことである。当て嵌めれば答えが出るといった判断基準があるわけではない。個々の事件の具体的な事情の中から答えを見つけ出して行かなければならない。あるいは、自分自身の中に二つの考えが相克していることも多い。捜査の適法性や

違法収集証拠の証拠能力を考える際にも同じ問題にぶつかる。刑訴法を学ぶということは、実は、このような場面での思考を深めるということにほかならない。

【補遺】
　以上は、法学セミナー連載時の記述であるが、「取調べ過程の可視化」をめぐってその後重大な展開があり、それは今も継続中である。
　その第1は、可視化を義務付ける刑訴法の改正（2016〔平成28〕年5月24日に成立した法律で新設された刑訴法301条の2）である。上述した経過からみれば、まさに画期的な改正と評価されるものである。しかし、実際の運用に関して重大な問題が残された。それは、録音・録画の対象が、裁判員裁判の対象事件でかつその事件で逮捕・勾留中の場合に限られるとされたため、より軽い事件で逮捕・勾留中の取調べが録音・録画の対象から外されたことである。いわゆる別件で逮捕・勾留された被疑者が本件の取調べを受けて自白した場合、一番重要なこの最初の自白場面が録音・録画されないという余地が残されたのである。
　その第2は、録音・録画資料の使われ方と録音・録画の方法に関する問題である。この点は、法改正過程ではあまり議論されなかったが、実際の録音・録画資料が証拠として使われたとき、予想外の効果を発揮したのである。録音・録画資料が、自白調書の任意性判断の証拠であることを超えて、自白そのものとして証拠となった場合（「実質証拠利用」と言われる）、特にその映像が判断者に独特の印象作用をもたらすことがわかった。そしてその映像の印象効果は、取調べの際のカメラの位置によって変化する（捜査官の後から被疑者の正面を撮影する場合、被疑者の後から捜査官の正面を撮影する場合、両者を横から撮影する場合によって、自白の任意性・信用性の判断結果が違ってくる）ことが実験によって検証されたが、そのことに配慮した対策は未だ取られていないのである。
　2016（平成28）年4月8日に宇都宮地裁で判決が言い渡されたいわゆる今市事件は、上記二つの問題が中心的な争点となっている。同事件は、本補遺執筆の時点では東京高裁で審理中であったが、2018（平成30）年8月3日に判決が言い渡された。上記の争点について詳細な判断がなされているので参照されたい。

第12章
伝聞証拠と非伝聞証拠の判断基準

秋山 敬　仙台高等裁判所部総括判事

　本稿では、伝聞法則の適用の局面でよく問題となるいわゆる犯行計画メモについて考える。刑事裁判の実務では、犯行計画メモのような書面が証拠調請求され、その取扱いについて検察官と弁護人との間で意見の応酬がなされることが少なくない。

　以下においては、実務での経験や思考を基に私なりの視点を提示しようと思う。この点をめぐる論説についてある程度踏まえた上でお読みいただきたい。犯行計画メモの議論に到達するまでには、長い前置きが必要になるかもしれない。

　まず、関連する条文を確認しておこう。

> ◎刑事訴訟法　第320条第1項
> 第321条乃至第328条に規定する場合を除いては、公判期日における供述に代えて書面を証拠とし、又は公判期日外における他の者の供述を内容とする供述を証拠とすることはできない。

　いわゆる伝聞禁止ルールが書面には原則として証拠能力を与えないことを定めようとしたのであれば、端的に「321条～328条の場合を除いては、書面を証拠とすることはできない」と規定しておけばよかったはずである。条文の中に「公判期日における供述に代えて」というフレーズが挿入されたのはなぜだろうか。

1 時空間を超えて過去の事実を推測する

　刑事裁判は、過去のある時点でどのような事実が生起したのかについて、現在の時点から推測するプロセスである。事実認定者たる裁判員・裁判官は、公判廷において証拠を取り調べる（証人の供述を聞いたり、法廷に持ち込まれた物品を観察したりして、その内容を感得する）。ここから得た情報に基づいて、過去に発生した事実を推測するのである。ひとつの事実は、過去のある時点において、特定のある場所で生起する。その事実を、時間と空間が隔たった現在の時点・法廷から推測することになる。

　犯罪事実に限らず、事実が生起した場合、その事実は何らかの痕跡を残す。その痕跡には大きく分けて2種のものがある。

　そのひとつが、いわゆる物的状況である。具体的には、血痕が付着した刃物、路面に滴下した血痕、被害者の身体の創傷などである。これらが、過去の時空間から現在の時空間まで運ばれてくる。生起直後の状態のままのこともあれば、写真などの媒体に記録されて現在の時空間に至ることもある。

　そして、もうひとつが、人間の知的過程を経る証拠である。過去のある時点で生起した事実について、その時空間に居合わせた者が、それを五感の作用で知覚する。五感といっても、視覚と聴覚がそのほとんどを占めるであろう（残りは触覚、味覚、臭覚である）。ある人が何らかの事実を見たり聞いたりして知覚した場合、その内容はその者の記憶に残る。時間が経過し場所を移動しても、その者が当初の記憶を保持していれば、記憶を呼び戻すことによって「過去に自分が知覚した事実」について言語を用いて表現することができる（補助的に描画等も用いられる）。この言語表現を受けた者は、その表現内容に基づいて「過去にその者が知覚した事実」を想像するのである。

　事実の知覚－記憶－想起－表現の過程は、科学的に完全に解明されているわけではない。あえて比喩を試みるとすると、人の頭脳の中にDVDのような記憶媒体があり、その者が知覚した内容（映像と音声）が書き込まれて記録される。これが頭脳の中に保管されていて、過去の事実を想起しようとする場合には、そのDVDを探し出して再生機にかけ、頭脳内でそれを視聴しながら、その内容を言語で表現していくというイメージだろうか。

　その言語表現を聞く側は、「供述者は現在その内容の記憶を有している」→「その記憶は知覚当時から保持されていたのだろう」→「知覚当時におい

てその記憶のとおりの事実を知覚したのだろう」と考える。いわば、供述者の知覚 − 記憶 − 表現の過程を後ろからさかのぼり、過去の時空間における供述者の五官を借りて過去の事実を疑似体験するのだともいえよう。

2 法廷に知覚内容を伝達するふたつのルート

過去の時空間において人がある事実を知覚したとして、その内容を法廷の時空間まで伝達するには複数の方法がある。

事実を知覚し、記憶を保持している者が実際に法廷に登場し、記憶を想起して供述するのが第1のルートである。第1図をご覧いただこう。

図1

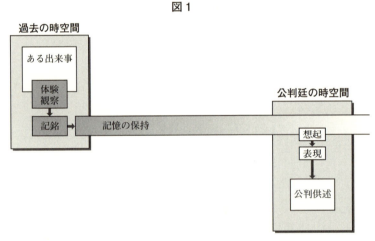

過去の時空間で、ある出来事が発生する。その時空間に居合わせた者がその事実を体験し、観察する。その事実はその者の頭脳の中に記銘され記憶される。それ以降、記憶は保持されており、時日が経過したある時点（公判期日）で供述を求められ、記憶を想起して、その内容を言語で表現する。その記憶は、記銘したとき以降、その者の頭脳の中で、同じ状態のまま保持されていたはずである。

法廷にいる訴訟関係者は、供述者が記憶を想起し表現をする過程をつぶさに観察し、あるいは、質問をして回答を得ることによって、その者の知覚 − 記憶 − 表現の過程において問題が生じていないか、情報伝達の上でエラーが

生じていないかを確認することができる。さらに、供述者自身の属性としての利害関係や偏見・予断の有無などをチェックすることもできる。これについて規定しているのが刑訴規199条の6本文である（証人の供述の証明力を争うため必要な事項の尋問は、証人の観察、記憶又は表現の正確性等証言の信用性に関する事項及び証人の利害関係、偏見、予断等証人の信用性に関する事項について行う）。

　過去の出来事を知覚して、その記憶を保持している者がいるのであれば、公判期日にその者を法廷に登場させ、その知覚内容について供述してもらうのが情報伝達の点でもっとも簡明・確実であるから、このルートを原則としたいところではある。
　一方、犯罪捜査・公判準備の過程では、知覚した者の記憶の内容が表現された書面が数多く作成される。供述録取書、供述調書、上申書の類である。
　犯罪捜査は、供述調書等を含む捜査関係書類を重層的に作成していくところに特徴がある。刻々と進んでいく捜査において、その時点その時点での情報を定着・可視化して、捜査の方向、起訴の可否・適否を検討するためにはそのような構造が必要なのであろう。もちろん、弁護人側でも知覚者の記憶を書面として定着させておくこともあり得る。
　公判を準備する段階ではこのような書面が多数存在している。このような書面について、法廷への知覚内容を伝達するルートとして使うことができないかを検討するのはある意味で当然である。
　刑事訴訟法は、過去の時点である事実を知覚した者があり、その知覚内容についての言語表現が必要な場合には、法廷に召喚して、裁判員・裁判官の面前で供述してもらい、これを聞き取って内容を理解するルートを原則とした。それ以外のルートは、例外を除いて許さないとするのが320条1項の趣旨である。しかし、事実を知覚したすべての者を法廷に召喚して供述してもらうというのは現実的ではない。公判期日の前にその者の供述が書面に記録され、その書面が保存されているのであれば、これを利用しようとする契機が生ずる。そこで、本来なら、事実を知覚した者を法廷に呼んで供述してもらうところであるが、その者を法廷に呼ぶことなく、公判前の供述を記録した書面を公判廷に持ち込みこれを朗読することで、公判期日における供述の代わりにしようという発想が生じた。これが第2のルートである。

公判の前に供述が書面に記録され、その書面を公判廷に持ち込んで取り調べるルートは第2図のとおりである。

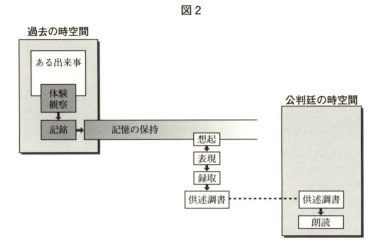

図2

第1のルートも第2のルートも、記憶を保持している者が自分の記憶を想起して表現し、その表現された内容を聞き手が受容するという点で、基本的には同じものであるはずである。

3 公判供述に代えて証拠とすることの同意

　事実を知覚した者が記憶している内容を言語で表現し、その内容を書面に記載する。その書面を公判廷で朗読することを、その者が公判期日において供述したことに代えようとするのであるが、これを許すための要件のひとつは、検察官と被告人の双方がその書面を公判期日の供述に代えて証拠とすることに同意することである。もちろん、その書面が作成されたときの情況も考慮する必要がある。

　実務では、事実を知覚した者の記憶の内容を法廷に伝達する方法として、かなり多い割合で326条の同意書面を用いるルートが使われてきている。

　検察官と被告人のどちらかが証拠請求をすることを考えると、請求した側が同意しないことは考えられない。それでは、相手方がその書面を証拠とすることに同意するとはどういうことなのか。

まず、相手方において、その公判供述をするはずの者に対して反対尋問をすることを放棄するものであるという考え方が現れた。これは実務的にはなじみやすい発想である。その者を法廷に召喚しても、相手方から反対尋問をする必要がないのであるから、法廷で前の供述を記録した書面を朗読すれば、その者に対して証人尋問（主尋問）をし、これに対する供述を得たのと同じことになるわけである。
　しかし、この考え方は、被告人の供述調書についてどう取り扱うかという問題に突き当たる。検察官が被告人の供述調書を証拠調請求した場合、そこでは被告人が公判供述をするはずの者なのであるが、被告人側から被告人に対して反対尋問をするということはあり得ない。また、反対尋問権を放棄したということは、ある書面について同意して法廷で取り調べられた後、その供述者を法廷に呼んで尋問することは許されないということになる。

　このような考え方に対し、原則として証拠能力を備えていない書面について、これを証拠とすることに同意することによって証拠能力を付与するものであるという考え方が現れた。この考え方だと、被告人の供述調書にも証拠能力を与えるということで上記の難点はクリアすることができる。書面に証拠能力を与えるだけであるから、その供述者について、書面の取調べ後でも更に法廷で供述を求めてよいことになる。
　ただし、証拠能力を付与するといっても、伝聞法則に関する局面だけの問題であって、それ以外の局面に及ぼすのは適切ではない。実務では、書面が証拠調請求されたのに対し「同意」をすると、伝聞法則以外の問題に関してもクリアしたかのように扱われることがある。しかし、証拠の収集が適法に行われなかった場合は、内容に立ち入る以前に、これを証拠として使用することができるかという問題が生ずる。また、証拠の収集に違法はなく、伝聞法則の点でも問題がないとしても、公判廷で取り調べる必要はないという意味で不同意の意見が述べられることもある。書面の証拠調請求に対して同意の意見が述べられる場合、これらの問題をすべてクリアしたという意味で使われることもあるが、326条の同意はあくまでも伝聞法則の局面での問題であることに留意しなければならない。

　さらに進んで、書面を証拠にすることに同意する意味は書面の伝聞性を解

除するものであるとする考え方も登場している。書面を公判廷で取り調べるとしても、公判廷で裁判官・裁判員が直接観察している状況の下で供述者に対し反対尋問を行うことができないから、刑事訴訟法は書面を伝聞証拠として原則的に証拠として取り扱わないことにしたのである。しかし、公判廷において供述者に対する反対尋問等による吟味を経ていないものであることについて、異議が述べられないのであれば、伝聞証拠排除の根拠が失われ、書面を証拠とすることができる。この責問権の放棄が326条の同意の本質であり、書面の証拠調請求に対し「同意」の意見を述べた場合でも、供述者に対する反対尋問権が失われることはないとするのである。

4 公判供述と書面（の朗読）とは等価である

　私は、326条の同意というのは、過去の事実を知覚した者の記憶内容を法廷に伝達するルートとして、①その者が公判廷で記憶内容を供述し、直接これを聞くものと、②公判外でその記憶が録取・作成された書面を公判廷に持ち込んでその朗読を聞くものとがあるが、その両者が「等価」であることを認める行為であると考える。それこそが、公判期日における供述に代えて書面を証拠とすることに同意するということではないかと思う。その両者が「等価」であるというのは、公判廷で証拠の取調べを聞いている関係者において、①知覚者が実際に公判廷に現れて供述をするのを聞くのと、②実際にはその者は法廷に現れないけれども、書面の記載内容が朗読されるのを聞くのと、その内容の理解に関して全く同じ効果が生じる＝心証形成に与える作用は全く同じであるということである（②で、法廷で書面の朗読を聞くというのは、バーチャルな供述者が証言台に登場して供述するのを聞くのと同じ効果であるべきである）。

　そう考えると、書面の証拠調請求をされた相手方が326条の同意をするか否かは、その供述者が公判廷に現れた場合にその書面の記載内容と同じことを供述するだろうかという予測にかかることになる。

　証拠調請求された書面に対し同意するか否かについて、その内容が自らの側にとって不利益かどうか、自分が真実と考える事実関係と食い違うかどうかを基準にするという考え方があるかもしれないが、これは326条の趣旨からすると必ずしも正確であるとはいえない。「同意」という語感からは、書

面に記載された内容が真実であることを認める態度のようにも理解されかねないが、あくまでも、書面の記載内容と対比して、公判廷にその者が現れて供述したとしても同じことを供述するだろうという予測なのである。

　相手方からすれば真実と考える事実関係とは違う内容が記載されていたとしても、公判廷でも同様のことを述べることが予測される場合には、公判供述に代わるものとして書面を証拠とすることが全くあり得ないというわけではない。相手方にとって不利益な記載あるいは真実と考える事実関係と異なる記載になっているのは、供述者の知覚 − 記憶 − 表現の過程に問題があってそのような記載になったとか、供述者に、事件や被告人と利害関係があったり、被告人に対する偏見・予断があったりしたためにそのような記載になったなどの原因が考えられ、公判廷に召喚して証言台に立ってもらえば、それらの問題が解消されて（証人尋問中に自分の記憶違いに気付くなど）、主尋問に対して書面の記載内容と同じことを供述せず、真実の事実関係に基づいた供述をするであろう、仮に主尋問で書面と同じことを供述したとしても、反対尋問をすればそれを崩すことができるであろうと考えるわけである。

　このように、公判期日における供述内容と公判外で録取・作成された書面の内容とを対比して「等価」の判断をするという発想の底には、知覚した者の記憶の保持とこれを想起して表現することについての理解がある。もういちど第１図と第２図に戻って見ていただこう。過去の時空間において物事を体験し観察した者は、その知覚を記銘し、その記憶を保持し続けている。公判前にその記憶について供述を求められた機会には、自分の記憶を想起して表現する。その者は、その後の別の機会に同様に供述を求められても（公判期日に法廷に召喚されて証言を求められたとしても）、いつでもどこでも、すべての機会において全く同じことを述べるであろう。自分の記憶は過去も将来も同じ状態で保持しているし、想起するたびに常に同じことを想起するはずなのである。その者は「将来供述を求められても、私は、今供述していることと同じことを述べる」と表明するであろう。

　書面と公判供述とが「等価」であることを考えるとき、このように、ある事実を知覚した人の記憶が変化せずに保持されていること、したがって記憶を想起する機会が複数あっても、どの機会にも常に同じ内容を想起すること、記憶を想起して表現する者は、自己の記憶についてそのように考えることな

どが前提になっている。

　実務では、書面の証拠調請求に対する意見として「証拠とすることに同意する。ただし信用性を争う」という言い方がされることもよくある。書面に対する同意／不同意が、公判期日において書面の記載と同じ内容の供述がなされるか否かの予測の問題であるとすると、内容が真実であると考えるか否かは別の問題であるはずである。公判廷で取り調べられる証拠については証明力を争うために必要な機会が与えられるから（308条）、その機会を得て、証明力を争う旨をあらかじめ述べておくという意味かもしれない。単に「書面を証拠とすることに同意する」と述べた場合に、「信用性を争う」という留保がないとしても、記載内容が真実であることを認めるものではないはずである。

　ここまでは、公判期日においてなされるであろう供述の内容と書面の記載内容とを対比するという趣旨で述べてきた。刑事手続における書面の中で相当の割合を占める供述調書は、原則として、供述者の独白体で記載されている。供述者を取り調べ、その供述を録取した捜査官において、供述内容を整理した上で、供述者が独白したらそのように供述するであろうという体裁で記載して、供述者に確認させ、「自分が独白したらこのような内容になるだろう」との承認を得て、供述調書を完成させるわけである。しかし、ふたつのものを対比検討するのであれば、同じ体裁のもの同士を比べるのが望ましいことは明らかである。公判期日においては一問一答式で質問と応答がなされる。したがって、対比される対象である供述調書においても、一問一答式で記載されていた方がいいのではないかと思う。

5 記憶の変容／表現の変質

　もっとも、体験的に知られているように、ある事実を知覚した人が、その事実についてずっと同じ記憶を保持しているとは限らない。記憶は時間とともに薄れていくことがあるし、他の事実関係との混同を生じることもあるだろう。あるいは、自分の思い込みや他からの情報の取り込みによって当初の記憶が変容することもあるかもしれない。さらに、記憶を想起して表現する

のは、特定の状況の下で特定の相手方に対してなされることが多いのであるが、その状況や相手方との関係によって、表現する内容が変質することもあり得よう。また、そもそも、記憶を保持している者が、公判外では供述したものの、公判廷では供述することができないという場合への対処も考えておかなければならない。

　刑事訴訟法は上記のような場合に備える規定を用意している。事実を知覚した者の死亡、心身の故障、所在不明、国内にいないなどの事情で、公判廷で供述することが不可能になった場合、あるいは、公判廷で供述したがその内容が公判外での前の供述と異なるものであったなどの場合は、供述を録取した者によって要件に差があるものの、公判外の供述を録取した書面に証拠能力を与えるルートが設けられている。公判供述が不可能になった場合はどうしようもないが、公判廷で供述したものの前の供述とは異なる内容を供述した場合はどう対処すればよいか。そのような事態が生じた原因として、時間の経過による記憶の変容・減退とか、法廷という同じ空間にいる被告人や傍聴人に対する気兼ねなどの点が指摘されることがある。そのような事情があったために現実の公判期日では別の供述をしたが、もしその原因を除去することができたとしたら、知覚当時から保持し続けてきている記憶に基づいて前の供述と同じ内容の供述をしたはずだという想定に立つことになるのだろう。ここでも、公判外の供述を記載した書面と、なされるはずの公判供述とが「等価」であるという発想がある。だからこそ、公判外の書面を、なされるはずの公判供述に代えて証拠とすることができるのである。この場合、実際になされた公判供述と供述調書（が代わるものとされた、なされるべき公判供述）とが併存する状態になる。
　321条1項の問題を考えるとき、「供述者は、過去にあのように述べたが、今日、法廷ではこのように述べている」というように、対比した形で理解することが多い。しかし、上記の考え方でいくと、「供述者は、今日法廷ではこう述べたが、記憶や表現を変容させた原因を除去した上で供述を求めたとすると、公判外の前の供述の内容と同じ供述をするはずだ。そのような公判供述に代わるものとして、公判外の前の供述を記録した書面の朗読を聞く」と理解することになろうか。

6 紙媒体への記録による知覚情報の保存

ここまでは、ある事実を知覚した者が自身の頭脳の中に知覚した内容についての記憶を保持し、後で供述する際には、その記憶を想起して表現することを前提にして考えてきた。しかし、知覚する内容やその際の状況によっては、何らかの事実を知覚してもそれを自身の記憶にとどめようとするのではなく、紙媒体に記録することで知覚内容を保存し、その情報を将来利用する際にはその紙媒体の記録を読み取ることによって行おうとすることがある。

そのひとつが、捜査官による検証の結果の記録である。検証活動を行う捜査官にとって、これによって得られた情報について、その全部を自身の頭脳で記憶することは困難である。地形とか特異な状況などのおおまかなことに関しては記憶にとどめ、時日が経過した後もそれを想起して供述することはできるかもしれない。しかし、この地点からあの地点までの距離は何メートルだとかなどの詳細な情報について記憶にとどめておいて、時日が経過した後で、その内容を供述せよというのは無理な話である。後からその情報を利用しようとする場合、その捜査官に記憶を想起して知覚した内容を供述してもらおうとは考えない。あくまで、紙媒体の記載内容から直接情報を得ようとするはずである。

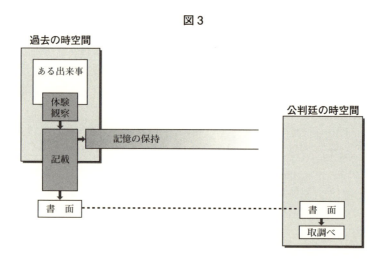

図3

第3図がこれを表したものであるが、第1図や第2図とは異なることが

わかるだろうか。観察して知覚した事実について、記憶に残る部分も全くないわけではないだろうが、多くの部分については記憶に残すことは考えず、直接、紙媒体に記録してしまう。そして、その紙媒体たる書面（検証調書）が法廷に持ち込まれるわけである。その取調べにおいて、書証は朗読が原則ではあるが、検証調書の記載内容を逐一朗読することが適しているとはいいがたいし、これを聞いている裁判員・裁判官にとって分かりやすいものであるともいえない。

ところが、検証活動において事実を知覚し、これを記録する過程に問題があった場合には、その記載内容を証拠として使用するわけにはいかない。そこで、問題があると思われる場合には、検証を実施し、検証調書を作成した捜査官を公判廷に呼んで、証人として尋問し、検証調書を真正に作成したものであると供述したことを要件として、証拠とすることができるとしたのが321条3項である。

検証調書をこのような形で証拠として利用するのは、「公判期日における供述に代えて証拠とする」といえないことはないにしても、上記の供述調書の場合とはかなり様相を異にしている。検証を担当した捜査官が公判廷において検証の結果を供述することはそれほど期待されておらず、検証時又はその直後になされた「書面への記載」を情報として利用しようとしているもののように思われる。

また、業務日誌や戸籍関係の書面なども、上記と同種のカテゴリーに含まれるかもしれない。そのような書面の上に事実に関する記載をした担当者は、基本的に、その記載事項について自身の記憶にとどめることはしない。強烈に印象に残る記載内容であれば記憶していることはあるかもしれないが、後でその書面に記載された内容を情報として利用するためには、自身の記憶の保持及びその想起による表現によってではなく、事実が記載された書面を保存しておき、必要な機会に取り出して内容を読むことによって行おうとするはずである。

これについても、「公判期日における供述に代えて書面を証拠とする」場合のひとつとされているが、供述調書の場合と様相を異にする点は同様である。戸籍関係の届出を受け、記載をした市役所の係員が、その事実を知覚したはずだからといって、その事項について公判廷で証言することを期待でき

るだろうか。このような場合については、記載した者を公判廷に呼んでその事項について供述を求めることは予定されていないのではないか。すなわち、なされるべき公判期日の供述に代わるものとして書面を証拠とするわけではない。業務日誌や戸籍の上に過去の時点である記載がなされ、保存されていて、これが公判廷に提出され、記載内容を読み取ることに意味を見いだすのである。

後記③の判決は、「被告人の身上関係を立証するためには、本籍地の市長等の証人尋問によることを原則とし、323条1号により、これに代えて書面である戸籍謄本を証拠とすることも例外として許容しているなどと解するのは不合理である」と指摘している。

7 犯行計画メモに関する裁判例

さて、犯行計画メモについての話に入ろう。実務では、その類の書面の証拠調請求がされることがよくある。

犯罪に限らず、複数の人物が関与して何らかの物事をなしとげようとする際には、実施に向けた計画が立案され、これを関係者の間で周知徹底するであろう。そのためには、書面でメモを作成し、使用することが有益である。一人で計画するときですら、実施のためのメモを作ることはある。

裁判例においても、いくつかの事例が現れてきている。

【①大阪高判昭57・3・16判タ467号172頁】

公訴事実は、ある集団に属する被告人Fが十数名の共犯者と共謀の上、被害者を襲撃し、鉄パイプ等で殴るなどして傷害を負わせたというものである。犯人らは車に分乗して逃走したが、ナンバーで手配され、発見された車を運転していた被告人が逮捕された。2日後その集団の事務所を捜索したところ、作成者不詳の犯行計画メモが発見され、押収された。このメモには現場の建造物等の位置関係を示す図が記載されていたほか、犯行の手順や犯行後の逃走方法（Fが車の運転を担当し、特定の方面に逃走することなど）や連絡方法に関する事項が記載されており、犯行の実行に役立つものであった。

控訴審判決は、次のような趣旨を説明して、上記のような記載のある本件メモについて、伝聞法則が適用されないとして、証拠能力を認めた。

> このメモによる要証事実は、被告人（F）が本件に関与したことを含むと解される。本件メモは、要証事実の関係から伝聞証拠（伝聞供述）というべきである。
> 　供述とは、心理的過程を経た特定の事項に関する言語的表現であり、表意者の知覚・記憶の心理的過程を経た過去の体験的事実の場合と、知覚・記憶の過程を伴わない表現・叙述のみが問題となる表意者の表現時における精神的状態に関する供述の場合とがある。本件メモは、その時点における本件犯行に関する計画という形で有していた一定の意図を具体化した精神的状態に関する供述と考えられる。
> 　精神状態に関する供述については、伝聞証拠としての正確性のテストとして、必ずしも反対尋問の方法による必要はなく、その表現・叙述に真摯性が認められる限り、伝聞法則の適用例外としてその証拠能力を認めるのが相当である。本件メモ紙の押収時の状況、メモ紙が組織活動の過程において作成されていること、記載内容である計画そのものが現に実行されていることから、その記載の真摯性は十分認めることができる。
> 　したがって、本件メモは、伝聞法則の適用を受けない書面として証拠能力を容認すべきである。

　このような犯行計画メモについて、表現・叙述が真摯になされたことが認められるのであれば、証拠能力を認めるということである。伝聞法則の適用を受けないというのであるから、326条の問題にはならない。被告人側に対して、証拠とすることについて同意するか否かを聴く必要もないことになる。

【②東京高判昭58・1・27判タ496号163頁】
　公訴事実は、ある集団に属する被告人らが、対立する被害者を襲い、監禁して暴行した上、慰謝料名下に金員を喝取したというものである。公判審理では、事前謀議の有無が争点となった。検察官は、犯行前に共犯者が作成したメモを「戦術会議及び犯行準備等に関するメモの存在」すなわち事前共謀を立証する趣旨で証拠調請求した。弁護人は「異議がない」との意見を述べ、裁判所は採用して取り調べた。
　本件メモの記載は、当初、誰が作成したものか不明であったが、公判審理

の中で、被告人らの集団に属しているBが、別のCから「仲間が相手方に腕時計などを取られたことから闘争に取り組むことになった。2日前の会議で確認された事項がある」と言われ、その事項を聞き取って、ノートに「確認点－しゃ罪といしゃ料」と書き留めたものであることが判明した。

控訴審判決は、次のように説明して、証拠能力を認めた。

> 　人の意思・計画を記載したメモについては、その意思・計画を立証するためには、伝聞禁止の法則の適用はないと解することが可能である。知覚・記憶・表現・叙述を前提とする供述証拠と異なり、知覚・記憶を欠落するのであるから、その作成が真摯になされたことが証明されれば、必ずしも原供述者を証人として尋問し、反対尋問によりその信用性をテストする必要はないと解されるからである。
>
> 　数人共謀の共犯事案において、共謀にかかる犯行計画を記載したメモは、それが真摯に作成されたと認められる限り、伝聞禁止の法則が適用されない場合として証拠能力を認める余地がある。ただ、それが最終的に共犯者全員の共謀の意思の合致するところとして確認されたものであることが前提とならなければならない。
>
> 　そのような確認ができないとしても、B作成のメモは、2日前の会議に出席したCが「謝罪と慰謝料を要求する」旨の発言を聞いて、これをBに伝え、Bがメモに記載したものであるから、原供述者をCとする再伝聞供述である。これを被告人らの共謀の証拠として使用するために、弁護人の同意を必要とする。本件においては、検察官の証拠調請求に対し弁護人は異議がないと述べ、その後の審理で再伝聞供述であることか明らかになっても、証拠意見の変更や、証拠の排除を申し出ることなく、Cを証人申請してその供述の正確性を吟味することもしなかったなどの経過からすると、Cに対する反対尋問権を放棄したものと解されてもやむを得ない。

　複数の者が関わる犯行についての計画を記載したメモは、真摯に作成されたものであれば証拠能力が認められるとしたのは①と同じであるが、最終的に共犯者全員の共謀の意思の合致するところとして確認されたものであることをも要求している。

この事件では、Bが、会議に出席したCから聞いて、会議での確認点をメモ紙に記載したという複雑な構造になっているが、単純化すれば、会議に出席し、犯行計画の立案に関わったCにおいて、会議中あるいは会議が終わった後、「会議で、実行当日、相手に謝罪を求め慰謝料を請求することが決まった。すべての実行参加予定者は、そのことを認識した上で参加し、自らの役割を果たせ」というメモを作成し、これを会議に出席しなかった実行予定者に渡したという例で考えるとわかりやすくなるだろう。

【③東京高判平20・3・27東高刑時報59巻1～12号22頁】
　公訴事実は、被告人が、同じ集団に属する構成員と共謀の上、爆発物を発射し、爆発させたという爆発物取締罰則違反である。
　被告人らのアジトが捜索され、メモが発見・押収された。メモの内容は、爆発物使用の準備として、爆発物等の開発製造のために作成され又は参考に供されたと認められるものであった。検察官が、立証趣旨を「アジトで押収したメモの存在・内容等」として証拠調請求したのに対し、弁護人は「異議がある」又は「不同意」との意見を述べたが、第一審はこれを非供述証拠として採用して取り調べた。
　控訴趣意は、原審は本件メモをその内容の真実を立証するために用いており、320条1項を潜脱するものであると主張した。
　控訴審判決は、次のような考え方を示した。

　本件メモは、被告人らの集団のアジトから発見・押収されたもので、暗号を用いるなど捜査機関に発覚することを防止する方法がとられていた。このようなメモの状態や、存在・形状、暗号を解読して明らかになった記載内容は、アジトに出入りしていた構成員によって本件の準備や謀議が行われたことを示す痕跡であり、かけがえのない証拠価値をもつものであって、いわば動かしがたい客観的な原証拠というべきものである。
　たとえ、その作成者（供述者）が、公判期日において、その記載内容に沿う供述をしたとしても、その公判供述よりは、メモの記載内容の方がはるかに高い証拠価値を有する。
　本件メモが本件事件の準備や謀議の過程で作成されたものであるか否

かは、その記載内容をともに押収された証拠物及び他の関係証拠から認められる本件事件の内容等と比較検討することによって的確に認定し得るのであって、メモの作成者に対する証人尋問（反対尋問）によってその作成過程を吟味することには、さしたる意味はない。

本件メモの記載内容は、「作成者の公判期日における供述に代えて」これを証拠とするという性質のものではないのであって、その真実性の立証に用いる（供述証拠として使用する）ことも、320条1項によって禁じられるものではない、すなわち、本件メモは、その記載内容を含めて、同項の制限を受けない非伝聞証拠であると解する。

321条～328条に規定される場合のすべてに原則的には320条の制限が及ぶと解するのは相当ではなく、また、同項の文言からしてその制限を及ぼすのが不合理と考えられる書面や伝聞的供述には、もともとこれが及んでいないと解すべきであろう。

　この判決は、上記のように述べた後、本件メモについて、被告人の供述書（322条1項）又は被告人以外の者の供述書（321条1項3号）と解する余地もあるが、本件メモを「供述書」とみるのはいかにも不自然であり、記載内容を含めて、メモ作成者を含む者らによる組織的犯行であること、作成者らが事件に加担したことを雄弁に物語る、動かしがたい原証拠とみるべきであると指摘した。また、他の解釈論として、本件メモが心の状態を述べる供述である、又は、共犯者間の意思連絡の内容の証明に使われるものであるから非伝聞証拠である、あるいは、323条3号に該当するなどの点にも言及している。

　この判決は、犯行計画メモのような書面の取り扱いについて、「心の状態に関する供述」として取り扱えばいいのか、それとも、もっとストレートな形で取り扱うことはできないのかなど、実務家の間で漠然と考えられていたことに対して率直な見解を示したものといえる。これに対しては批判も予想されるが、共感を得る部分も多いのではないかと思う。

　また、この判決は、犯行計画メモの作成者が公判期日に登場して、メモの記載内容すなわち犯行計画自体について供述することと、メモの作成過程（認識した内容を正確かつ真摯に記載したかなど）について供述することを想定したものの、証拠価値を低いものとし、あるいは、尋問の意味がないと指摘した。この点にも留意が必要である。

8 若干の考察

前項の裁判例を踏まえ、具体的に、犯行計画メモが現れるケースを想定して考えてみよう。

早朝、V方が複数の犯人に襲撃され、Vが暴行を受けて負傷する事件が発生した。現場近くの防犯カメラの映像から実行犯としてAが特定された。Aが出入りしていた居宅を捜索したところ、下記のような紙片が発見された。そして、その筆跡はAの仲間のCのものであることが判明した。

> 明朝午前4時にX地点に集合せよ
> Bの電話連絡があり次第、AらはV方に行き、
> 門扉を破ってV方に突入せよ

Bが共同正犯として起訴され、Aらとの間で意思を通じていた事実を立証するものとして、この紙片が証拠調請求された。

既に掲げた3つの図にならって、この場合を図にすると第4図のようになる。第3図に似ているが、事実を観察して記憶するという過程がない。記憶を保持していて、後で記憶を想起して表現するということ自体がないのである。

図4

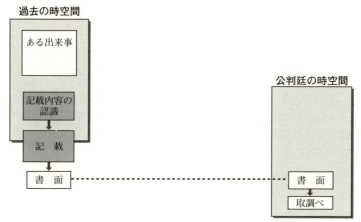

上記のようなケースに対しては、①や②の「心の状態に関する供述」の考え方を使ってメモ紙の記載内容に証拠能力を与えるか否かを検討しようとするのが、現在の実務の大勢であると思われる。
　ここで注意を要するのは、「心の状態に関する供述」といっても、自分の心の状態を観察して報告するものではないということである。
　他の事象を観察するのと同様、現在の自分の心の状態を観察して、それがどのようなものかを感得してこれを記憶することは可能である。
　「私は『翌朝、仲間と一緒に襲撃を実行しよう』と思っている」というのは、自分の心の状態を観察して知覚するものである。これを記憶し、後になってからこれを想起すれば、「あの時、私は『翌朝、仲間と一緒に襲撃を実行しよう』と思っていた」と供述することができる。
　これに対し、「明朝、Ｖを襲撃する」というメモは自分の心の状態を観察して記載したものではない。その時点での自分の意識内容をそのまま表現したものである。人の知的過程の特質である知覚・記憶の要素は全くない。正確にいうならば、その者の「意識内容の表出」というべきであろう。

　ある事実が生起し、これを知覚した者が記憶にとどめ、そのことを他人に伝えようとして表現する場合、表現する知覚内容は「○○が○○した」という命題の形をとるから、それが真実か否かを判定することができる。ところが、意識内容の表出の場合は、必ずしもそのような命題の形をとるとは限らない。したがって、それが真実か否かの判定が問題にならない場合もあり得るのである。
　ある事実を観察して知覚し、これを記憶して保持している者が、記憶を想起して知覚した内容を表現したとする。その者が、想起した内容を自分の記憶によるものであると信じる以上、将来、同様に表現する機会があっても常に同じことを表現するであろうと考えているはずである。比喩をするとすれば、その者の頭脳の中に過去から未来に向かう記憶の流れがあり、その流れのどの地点で水を汲んでも、同じ成分構成の水が汲み取られるだろうということになろうか。公判前の供述（これを録取した書面）と公判期日における供述とはこのような位置関係に立つ。
　これに対し、犯行計画メモのような書面は、共犯者などの限られた範囲だけでの利用が予定されており、作成した者が将来、同じことを表現すること

は全く考えられていない。

　犯行計画メモは「人の供述を記載した書面」であるから320条1項の書面に該当するとしてみよう。原則として、公判期日の供述に代えて書面（犯行計画メモ）を証拠とすることはできず、供述者を公判期日に法廷に召喚して供述を求めることになるはずである。その場合、犯行計画メモが代わるべき対象の「公判期日の供述」とはどんなものだろうか。

　上記の例の場合、作成者はCであると判明したから、Cを法廷に召喚して証人尋問することになる。Cが「そのとき、私は、翌朝午前4時に仲間をX地点に集合させようと思っていました」と証言することが想定されるかもしれない。しかし、これが書面で代えるべき公判期日の供述なのだろうか。

　そのようなCの公判供述に代えて証拠とされることになる書面とは、「そのとき、私は翌朝午前4時に仲間をX地点に集合させようと思っていました」と記載された供述書か供述調書であるはずである。そうでなければ、公判期日の供述に代えて書面を証拠とすることにならない。上記の犯行計画メモが代わるべき対象の「公判期日の供述」とは、「明朝午前4時にX地点に集合せよ」という公判供述ということになる。しかし、Cが公判廷でこのような供述をするわけがない。すなわち、犯行計画メモのような書面は、それが代わるべき対象の「公判期日の供述」を想定することができないのではないかと思う。

9　紙以外の媒体に記録された犯行計画

　上記の裁判例では、犯行計画の内容はいずれも紙媒体の上にメモされていた。他人に犯行計画を伝えようとする場合、従来は紙にメモを書いて伝えることがほとんどだった。人は他人とコミュニケーションをとるときに紙媒体を利用してきたし、これからも紙に文字を書くことは、廃れることなく続いていくだろう。

　ところが、現代社会において、コミュニケーションをとるツールとして紙以外の媒体が登場し、刑事裁判の世界にも現れてきている。紙に書いて渡すのではなく、電話で相手に伝える。その通話内容が録音媒体に残っており、これが証拠調請求されることがある。あるいは、共犯者間のやりとりがもっぱら電子メールで行われる。違法薬物密輸事件で、逮捕された被疑者が持っ

ていた携帯電話等が差し押さえられ、その中に保存されていた多数の電子メール（被疑者が発信したもの／別の者が発信して被疑者が受信したもの）の内容が証拠として請求されたケースもいくつか経験したことがある。

　このように、人が他人に対して情報を伝えようとするとき、紙に書いて渡す／電話して留守番電話に録音しておく／電子メールを送るなどいくつかの方法がある。従来だったら、メモ紙を渡すぐらいだったのだが、電話に着信があったので留守番電話を聞いてみたら「明朝午前4時X地点に集合せよ」という音声が録音されていたり、携帯電話にメールが着信したので開けてみたら「明朝午前4時X地点に集合せよ」というメールが来ていたりする。情報伝達の手段としてはいずれも同質のものである。これらの内容が載った媒体が押収され、証拠調請求されてきたとき、どう取り扱うべきかを検討しておかなくてはならない。

　実際、電子メールの取扱いについての裁判例も登場している。最三小決平25・2・26刑集67巻2号143頁は、電子メールの存在及び記載が記載内容の真実性と離れて証拠価値を有するものであるとされたケースで、これが証拠としては取り調べられていないが、被告人質問において被告人に示され、公判調書に貼付された場合について、これが独立の証拠や被告人供述の一部になるものではないと判断された事例である。このような電子メールが証拠として収集され、公判で証拠調請求されることは少なくない。

　これからの時代、紙以外の媒体が登場してくることを視野に入れて、320条1項を解釈し運用していくことが必要であろうと考える。

第13章

刑訴法 326 条に関する学説と実務

梶川匡志　札幌地方・家庭裁判所小樽支部長

1　はじめに

検察官　以上の事実を証明するため、証拠等関係カード記載のとおり、甲 1 号証ないし甲 6 号証、乙 1 号証ないし 4 号証の取り調べを請求します。

裁判官　弁護人、検察官の証拠調べ請求に対するご意見は。

弁護人　甲 1 号証ないし 4 号証、乙 1 号証及び 4 号証は同意、甲 5 号証の取調べに異議はありません。甲 6 号証、乙 2、3 号証は不同意で、任意性を争います。

裁判官　それでは、甲 1 号証ないし 5 号証、乙 1 号証、4 号証を採用して取り調べます。

　これは、刑事第一審の証拠調べ手続におけるやりとりである。刑事訴訟ではありふれたやりとりであり、刑事事件の公判を傍聴された読者の中には耳にしたことがある方もいらっしゃるのではないだろうか（もっとも、裁判員裁判をはじめとする、公判前整理手続が実施された事件においては、証拠調べ請求に関するやりとりは公判前整理期日でなされるため〔刑訴法 316 条の 5 参照〕、原則として公判廷でこのようなやりとりはなされない）。

　本稿では、このやりとりの意味するところについて検討し、刑訴法 326 条をはじめとする条文やその解釈が訴訟実務にどのように反映されているかを見てみることとしたい。

2 冒頭のやりとりの意味

　刑事訴訟においては、実体的真実を発見するとともに、人権を保障するため（憲法 31 条、刑訴法 1 条参照）、犯罪事実の認定は証拠によるものとし（刑訴法 317 条）、証拠とすることができる適格性（証拠能力）を有し、かつ、適式に取り調べられた証拠に基づいて犯罪事実の存否を判断することとされている。そして、刑訴法 320 条 1 項は、「公判期日における供述に代えて書面を証拠とし、又は公判期日外における他の者の供述を内容とする供述を証拠とすることはできない。」と定め、伝聞証拠[1]の証拠能力を原則として否定し（伝聞法則）、同法 321 条から同法 327 条[2]において伝聞証拠が証拠能力を有する要件（伝聞例外）を定めるが、このうち同法 326 条 1 項は、相手方当事者が証拠とすることに同意した伝聞証拠について、その作成又は供述された情況を考慮し相当と認める場合に限り、他の伝聞例外を定めた規定にかかわらず証拠とすることができる旨を定めている[3]。

　このような条文の定め方からすると、刑訴法 326 条は伝聞法則に対する例外の更なる例外を定めたようにも読める。しかし、同条によると相手方当事者の同意があれば、他に特段の立証を要することなく容易に証拠能力が認められることから（条文上は「相当と認める場合」に限られているが、相手方当事者が同意する場合に、不相当とされるケースは極めて少ない）、実務的には証拠とすることの同意の有無が伝聞証拠の証拠能力の有無を決する最初のポイントとなっている。伝聞証拠の証拠調べ請求があった場合には、証拠調べ請求に対する意見[4]（刑訴規 190 条 2 項）とともに、同意、不同意の意見を聴取し、

---

1) 伝聞証拠とは、その定義に講学上の争いがあるが、「要証事実を直接に知覚した者の供述を内容とする供述証拠で、その原供述の内容をなす事実の証明の用に供される証拠」をいう。紙幅が足りないので、興味のある方は他の文献を参照してほしい。ここでは、酒巻匡「伝聞証拠をめぐる諸問題(1)(2)(3)」法教 304 号（2006 年）137 頁、305 号（2006 年）81 頁、306 号（2006 年）64 頁、波床昌則「伝聞証拠の概念と刑訴法 326 条の同意」『小林充先生・佐藤文哉先生古稀祝賀刑事裁判論集（下巻）』（判例タイムズ社、2006 年）279 頁、やや古いが金築誠志「伝聞の意義」判例百選〔第 5 版〕を挙げておきたい。
2) 刑訴法 320 条は「第 321 条乃至 328 条に規定する場合を除いては」と定めているが、この中で、同法 325 条は直接的な例外規定ではないし、同法 328 条は伝聞証拠を事実認定に用いる場合ではない。
3) ただし、伝聞法則は、即決裁判手続には適用されない（刑訴法 350 条の 12）。

同意のあった証拠については、他の伝聞例外の要件の立証をすることなく採用するのが通例となっている（刑訴規187条の6参照）。被告人が犯罪事実を認めている事件（自白事件）においてはもちろんのこと、当事者が犯罪事実の一部又は全部を争っている事件（否認事件）においても、検察官が取調べを請求したすべての証拠の内容を争うことはまれであり、その結果として、証拠とすることの同意が全くない事件はほぼ皆無と言っても過言ではない。

これらを踏まえて冒頭のやりとりをもう一度見てみよう。まず、検察官が甲1号証ないし6号証、乙1号証ないし4号証[5]の証拠調べを請求し（刑訴法298条。実務上、証拠調べ請求は証拠の標目や立証趣旨等を記載した証拠等関係カードを利用して行われることが多い）、裁判所は、弁護人に検察官の請求に対する意見を尋ねたところ、弁護人は、伝聞証拠である甲1号証から4号証、乙1号証については証拠とすることに同意し、伝聞証拠でない甲5号証については取調べに異議がなく、甲6号証、乙2、3号証については証拠とすることに同意しない（不同意である）[6]と意見を述べた。そして、裁判所は、弁護人が同意したことから刑訴法326条1項により証拠能力の認められる甲1号証から甲4号証、乙1号証及び証拠能力に問題のない甲5号証を採用して取り調べる決定をした（刑訴規190条1項）ということができる。そして、弁護人が同意しなかった甲6号証、乙2、3号証については、同意がなされなかった以上、刑訴法326条1項によっては証拠能力を認めることができな

---

4) 証拠調べ請求に対する意見とは、証拠調べ請求の適法性、証拠能力の有無等に関する意見をいう。伝聞証拠に対する同意・不同意は厳密には刑訴規則190条2項の意見ではないが、実務上証拠意見を述べる際になされている。

5) 刑事訴訟においては、証拠を甲、乙ごとにナンバリングして特定している。なお、乙号証とは検察官が請求した証拠のうち被告人の供述調書、戸籍、前科調書等を、甲号証とはそれ以外の証拠をいう。刑訴法が被告人の自白は、犯罪事実に関する他の証拠が取り調べられた後でなければ取調べができない旨を定めている（刑訴法301条）ことから、これらを区別して扱うため、甲乙の異なる符号を付している。

6) 冒頭のやり取りでは、弁護人は、不同意の意見と同時に「任意性を争う」との意見を述べているが、これは、刑訴法322条に基づく請求に対する意見である。被告人の供述調書は、その中で被告人が不利益な事実を承認している場合には、任意性に疑いがない限り、刑訴法322条により証拠能力を持つため、あらかじめ同条による証拠調べ請求があることを見越して意見を述べる実務となっている。もっとも、後記のとおり、近年供述調書の扱いが変わっていることに伴い、この実務にも変化が現れている。

い。検察官において、これら不同意となった証拠で証明しようとした事実を立証したいのであれば、供述した者を証人等として尋問するか、不同意となった書証を他の伝聞例外によって取調べを求めることになる。実務上は、不同意とされた書証の原供述者が第三者であれば、これに代えて当該第三者の証人尋問等を請求し、被告人であれば、弁護人の主張に対応して任意性を立証した上、刑訴法322条により証拠調べ請求をすることが多い。

3　同意の法的性質

[1] 同意の法的性質に関する三つの見解

　このように、刑訴法326条の同意は、実務上伝聞証拠に証拠能力を与える手段として多用されているが、この同意が法的にどのような意味を有するのか、言い換えれば同法320条が原則として証拠能力を否定した伝聞証拠が同意によって証拠能力を取得する理由については解釈上争いがある。そこで、同法326条の同意の法的性質についての見解を紹介し、解釈の違いが冒頭のやりとりにどのような影響を与えることになるのかを検討し、それを通じて、実務において同法326条の同意が法的にどのような意味を有すると理解されているのか検討することとしたい。

　これまで、同法326条の同意の法的な意味については、概ね以下の3つの見解が主張されてきた。

① 反対尋問権放棄説[7]

　反対尋問権放棄説は、刑訴法326条の同意を、当該伝聞証拠の原供述者に対する反対尋問権を放棄する行為であると考える見解である。この見解は、その前提として、伝聞証拠は、反対当事者による反対尋問を経ていない証拠であると考える。

　すなわち、人の供述が証拠となる（供述証拠）場合、裁判所は、その人の知覚、記憶、表現のプロセスを通じて法廷に現れた情報を証拠資料とすることになる。例えば、目撃者が法廷で「被告人Xが被害者をナイフで刺すのを見た。」と証言したとすると、目撃者は、まずXが被害者をナイフで刺す

---

[7] 平野龍一「326条の同意の効果」平野龍一・松尾浩也編『実例法学全集刑事訴訟法〔新版〕』（青林書院新社、1977年）410頁。

のを目で見て（知覚）、それを憶え（記憶）、法廷で話す（表現）ことになる。しかしながら、日常生活でも体験するように[8]、人の知覚、記憶、表現にはしばしば誤りが含まれており、それは裁判所で取り調べられる供述証拠においても例外ではない。そのような誤りがあった場合、裁判所がそれに基づいて犯罪事実の有無を判断すると、その判断にも誤りが含まれてしまうことになる。そこで、法は、供述証拠を証拠とする場合には、反対尋問の機会を保障し、これを通じてその誤りの有無を裁判所が判断できるようにした。例えば、上記の目撃者に対して、目撃した際の位置関係やその場の明るさ等を尋問することによって、目撃者がよく似たYをXと見間違えた可能性がないか検証することができるのである。そして反対尋問をすることができない伝聞証拠については、裁判所がその誤りの有無を検証することができないことから、原則として証拠能力がないけれども、反対尋問をする権利を放棄するのであれば、そのような伝聞証拠も証拠能力を有すると考えるのである。

② 証拠能力付与説[9]

証拠能力付与説は、刑訴法326条の同意を、当該証拠に証拠能力を付与する行為であるとする見解である。この見解は、伝聞証拠が証拠能力を有さない理由として、反対尋問ができないことは重要なファクターであるが、刑訴法が伝聞証拠としているものの中には、およそ反対尋問することが考えられないものも含まれているから、伝聞証拠が証拠能力を有さない理由を反対尋問ができないことのみでは説明ができないと考え、端的に、証拠能力を有さない証拠についても、当事者が証拠能力を与えることができると考える。

すなわち、刑訴法は、伝聞例外として、被告人の供述調書（刑訴法322条）や第三者の公判準備[10]における供述調書（刑訴法321条2項）を挙げており、これらが伝聞証拠であることを前提としているが、被告人が捜査段階において公判廷におけるそれと異なる供述をしていたとしても、捜査段階の被告人

---

8) 人の顔を見間違えたり、言っていることを聞き間違えたり、思ったことと違う事実を述べてしまったという経験は、誰にでもあるだろう。
9) 松本芳希「刑訴法326条の同意」平野龍一・松尾浩也編『新実例刑事訴訟法Ⅲ』（青林書院、1998年）5頁。
10) 典型的には、期日外証人尋問（刑訴法158条、281条）の調書が挙げられる。期日外証人尋問は、証拠の収集手続であり、公判廷においては、その証人尋問調書が証拠として取り調べられる。

に反対尋問することはおよそ不可能であるし、公判準備における証人尋問についても被告人、弁護人には立ち会う権利が保障され（刑訴法157条）、実質的には被告人側からも反対尋問がなされているから、反対尋問の権利は保障されているといえる。それにもかかわらず、刑訴法320条がこれらの証拠も含め、伝聞証拠として証拠能力を否定する理由は、反対尋問ができないことのみでは説明が尽くされていないと考えるのである。

③　伝聞性解除行為説[11]

伝聞性解除行為説は、刑訴法320条が伝聞証拠の証拠能力を否定する理由を、反対尋問がなされていないことのみならず、公判廷において証人尋問（又は被告人質問）手続をすることによる信用性の吟味、確認を経ていないことにあると捉えた上、同法326条の同意を、原供述が公判廷における証人尋問等の手続を経ることなく行われたものであることを理由に証拠能力を否定する責問権を放棄することと考える見解である。

この見解は、証拠能力付与説によると、伝聞証拠の証拠能力が原則として否定される根拠と無関係に、刑訴法326条の同意が証拠能力を与える行為と捉えることとなると批判する。すなわち、証拠能力付与説を徹底すれば、伝聞証拠のみならず、証拠物についても同意又は不同意の意見を求めることになろうと思われるし、更には立証命題について最小限度の推認力すら有さない証拠[12]といったものであっても同意があれば証拠能力を有することになることになりかねず、妥当でないというのである[13]。

[2]　三つの見解が及ぼす影響

ア　被告人の供述調書に対する同意

被告人の供述調書については、その内容が被告人の認識と異なっていたか

---

11) 栃木力「刑訴法326条の同意の意義について」『植村立郎判事退官記念論文集第1巻』（立花書房、2011年）335頁、大澤裕「刑訴法326条の同意について」法曹時報56巻11号（2004年）1頁、馬渡香津子「刑訴法326条の同意」松尾浩也・岩瀬徹編『実例刑事訴訟法Ⅲ』（青林書院、2012年）21頁。

12) 講学上、自然的関連性のない証拠という。自然的関連性がない証拠は証拠能力を有さないと解されている。

13) 例えば、占い師が犯人を被告人と特定したなどという、およそ経験則上被告人を犯人と認めるのに問題があるような証拠ですら、（現実に同意されることは考え難いものの）同意されれば証拠能力を有することになりかねないと思われる。

らといって、公判廷で反対尋問することはおよそ不可能である。反対尋問放棄説によれば、被告人の供述調書は被告人に対する反対尋問権が観念できない以上、その放棄も観念することができず、同意すべき証拠とはならないことになる。したがって、冒頭のやりとりの中で、乙1号証から3号証が被告人の警察官、あるいは検察官に対する供述調書であった場合、反対尋問権放棄説に従えば、弁護人は、乙1号証について同意し、乙2、3号証について不同意とするのではなく、乙1号証につき取調べに異議がない、乙2、3号証について取り調べに異議がある、との意見を述べることになるだろう[14]。

これに対して、証拠能力付与説又は伝聞性解除行為説に従うと、被告人の供述調書が刑訴法320条に該当する証拠であり、同法326条の同意の対象となることは明らかであるから、冒頭のやりとりのとおり乙1号証については同意の、乙2、3号証については不同意、任意性を争うとの意見を述べることになる。

イ 同意した書証の原供述者に対する証人尋問の可否

反対尋問権放棄説の見解に従うと、同意した書証の原供述者については、同意により反対尋問の権利を放棄したことになるから、その書証の内容について原供述者を証人として反対尋問することはできないということになる。例えば、甲1号証が目撃者の供述調書であるとして、弁護人が、目撃内容につき反対尋問をしたいとして、その目撃者の証人尋問を請求した場合には、反対尋問を終えた証人に対する再度の尋問の必要が認められないのと同様、必要性がないものとして却下されるということになろう。

これに対して、証拠能力付与説又は伝聞性解除行為説に従うと、同意をしたとしても、単に証拠能力を付与し、または伝聞についての責問権を放棄したにすぎず、甲1号証の供述者に対する反対尋問権を放棄したことにはならないから、先の例においても原供述者の尋問をする必要がある限りは、採用されることになるだろう。

ウ 同意された違法収集証拠の証拠能力

例えば、弁護人が同意した甲2号証が、いわゆる違法収集証拠[15]であった場合、甲2号証の扱いはどうなるか。証拠能力付与説を徹底すると、同意によって当該書証には証拠能力が与えられているから、それは違法収集証拠と

---

14) 過去には①の見解に立ち、「異議がない」、「異議がある」と述べる例もあったようである。

して証拠能力を欠く場合であっても、違法事由が被告人の処分可能な利益である限り、その証拠能力は左右されないということになる。これに対して、反対尋問権放棄説によれば、同意によって反対尋問権が放棄されただけであるし、伝聞性解除行為説によれば、伝聞を理由とする責問権が放棄されただけであるから、同意がされたとしても、違法収集証拠であれば証拠能力が認められないことになる。なお、判例（最大判昭36・6・7刑集15巻6号915頁）は、麻薬取締官作成の捜索差押調書及びその捜索差押えによって差し押さえられた麻薬の鑑定書について、「第一審第一回公判廷において、いずれも被告人及び弁護人がこれを証拠とすることに同意し、異議なく適法な証拠調を経たものであることは、右公判調書の記載によって明らかであるから、右各書面は、捜索、差押手続の違法であったかどうかにかかわらず証拠能力を有する」と判示した。

[3] 検討

　冒頭のやりとり、すなわち現在の実務が、反対尋問権放棄説に従っていないことは明らかである。特に、被告人の供述調書が同意の対象となることは、刑訴法の条文からも明らかであり（刑訴法326条1項は、「321条ないし前条の規定にかかわらず」としており、被告人の供述調書に関する同法322条を含んでいるから、被告人の供述調書を同意の対象と定めていることは明らかである）、現在においては実務上も確立した取扱いであろうと思われる。

　これに対して、実務が証拠能力付与説、伝聞性解除行為説のいずれに立って運用されているかは、必ずしも明らかではない。弁護人が、当該伝聞証拠が違法収集証拠であることは主張するが、その内容を争うわけではない場合、証拠調べ請求に対する意見としては、(ア)「同意。ただし違法収集証拠である。」、(イ)「違法収集証拠であるが伝聞過程は争わない。」、(ウ)「違法収集証拠であるが作成の真正は争わない（鑑定書の場合）。」が考えられる[16]。(ア)の意見について見ると、証拠能力付与説の見解を前提として、違法収集証拠に証拠能力を付与するつもりはないが伝聞性に関しては同意の意見を述べたと見ること

---

15) 違法に収集された証拠をいう。判例上、令状主義の趣旨を没却するような重大な違法があり、これを証拠として許容することが将来の違法捜査の抑制の見地から相当でないと認められる場合においては、その証拠能力が否定されるとされている（最一小判昭53・9・7刑集32巻6号1672頁）。

ができる[17]し、伝聞性行為解除説の見解を前提としても、伝聞性については問題としないが違法収集証拠である旨の主張をしているものと理解できるので、上記証拠能力付与説又は伝聞行為性解除説の見解のいずれかでなければ説明ができない意見ではない。(イ)及び(ウ)の意見も、同様に、いずれの見解に立っても説明可能である。先に紹介した判例も、一見すると証拠能力付与説の見解に立っているといえそうであるが、同意があるだけで証拠能力が認められると判断しているのではなく、違法収集証拠であるとの主張を適切な時期に行わなかったことを問題としているようにも読めるから、この判例が証拠能力付与説に立っていると断定することも相当ではないだろう。

4 まとめに代えて──同意書証を巡る最近の実務

　刑訴法326条及びその関連条文を通じて、条文やその解釈と現実の刑事訴訟における訴訟活動がどのように関連するのかについて検討した。冒頭の手続はさほど複雑なものではないけれども、その裏には同意の性質、ひいては伝聞法則の趣旨という法的問題が潜んでいることをご理解いただければと思う。

　筆者が司法修習生に採用され、訴訟実務に初めて触れるようになった頃、「訴訟活動にはそれぞれ根拠があるから、それを1個1個確認しなさい。」と指導された。結局いくつかの訴訟活動の検討しかしなかったが、司法試験の勉強をしていた当時には文章でしか理解できていなかった条文が具体的な訴訟活動という、立体的な姿に反映されるのに非常に興味をそそられた。訴訟法に興味をお持ちの読者の方々には、是非とも実務の在り方にも関心を持っていただきたい。

　まとめに代えて、同意書証の扱いを巡る最近の実務の動きについても触れておくこととしたい。裁判員裁判が導入される前の刑事裁判においては、検察官から書証、特に供述調書の取調べ請求があったとき、裁判所において、

---

16) 「違法収集証拠であり、不同意」との意見も考えられるが、弁護人において当該伝聞証拠の内容の真実性に何ら疑問がなければ、伝聞証拠であるだけの理由で原供述者を証人尋問することは無益であろう。

17) 辻川靖夫「違法収集証拠の証拠能力」松尾浩也・岩瀬徹編『実例刑事訴訟法Ⅲ』(青林書院、2012年) 147頁。

弁護人が供述調書に同意するかを確認し、その全体について同意ができないとしても一部同意ができないか検討を求め、弁護人も供述調書のうち、事実関係を特に争わない部分については同意し、最終的に書証の同意のない部分に限ってその供述者の証人尋問がなされることが通例であった。当時は、このようなやり方によれば、書証の不同意部分が当事者間で事実関係について争いのある部分であるということができるので、事実上の争点整理を図ることができ、争点に絞った効率的かつ必要最小限度の証人尋問ができると考えられていた。しかしながら、捜査段階で作成された供述調書には、その性質上、公訴提起された犯罪事実の立証に必要な部分と全く関係のない部分が混在する。このような証拠の取調べを請求する検察官において、どの事実をどの証拠で立証するのかにつき必ずしも緻密な検討をしておらず、結果として証拠調請求する証拠の量は増えがちであった。また、弁護人においても、当該証拠に記載された事実に防御上問題がなければ、その事実が要証事実に関係があろうがなかろうが同意し、裁判所においても同意又は一部同意があった証拠を、その必要性の有無を吟味することなく採用する傾向があった。このような法曹三者の活動を経て裁判所に提出された書証は、分量が多く、必ずしも要証事実と関係がないものも混在しているばかりか、一部不同意がなされたことによって虫食い状態となっていることもあって、容易に心証をとり難いものとなっていたように思われる[18]。

　これに対して、裁判員裁判においては、裁判員を含む裁判体において、法廷外で膨大な書証を読むことはおよそ不可能であるし、「見て聞いて分かる裁判」が志向され、法廷において心証を取り易い裁判を目指すという点からも、法廷において直接証人から事実を聴取すべきと考えられるようになっている。このような考え方は、当初は否認事件を念頭に置いていたが、次第に裁判官を中心に自白事件にも妥当すると考えられるようになった。このような考え方に基づき、当該証拠によって証明される事実関係に争いがない場合であっても、重要な事実関係に関しては同意書証によらず、証人尋問が実施されるようになった。このような実務の変化は、更に裁判員裁判非対象事件にも広がり始め、被告人の供述調書が同意された場合もその取調べに先行し

---

[18] 個人的な体験になるが、公判期日終了後に裁判官室で、このような心証の取りづらい証拠を読まざるを得なかったことも少なくなかった。

て被告人質問を先に実施し、結局被告人の供述調書は採用しないという例が現れている[19]。

　この実務の変化は、単に裁判員にとって分かり易いか否かという問題にとどまらず、裁判所が、どのような証拠から犯罪事実に関する心証を得るべきかという、直接主義や公判中心主義に関する問題を含めて、事実認定の根本に関する問題とも理解できるように思われる[20]。他方において、弁護人が同意した供述調書を採用しないということは、当事者主義との関係で一定の緊張関係をはらむおそれがある[21]し、全ての事実関係を証人によって立証することは非効率的でもあり、同意書証による立証がおよそなくなるとも考えられない。今後、どのような場合に人証の取調べによって心証を得るべきで、どのような場合に同意書証の取調べにより心証を得るべきか、実務においても、また学説においても検討が進んでいくことを期待したい。

19) 座談会「裁判員裁判の現状と課題」論ジュリ2号（2012年）35頁〔栃木力発言〕、座談会「裁判員裁判の課題と展望」刑事法ジャーナル36号（2013年）28頁〔吉村典晃発言〕、大阪刑事実務研究会「裁判員裁判を巡る諸問題④裁判所の基本スタンス(2)」判タ1395号（2014年）67頁、馬渡・前掲注11）38頁。
20) 裁判員裁判の導入に伴って、伝聞法則を含めた証拠法の解釈、適用に影響を及ぼす可能性について言及するものとして、酒巻・前掲注1）「伝聞証拠を巡る諸問題(1)」139頁。
21) 当事者主義との関係について論じるものとして、川出敏裕「裁判員裁判と証拠・証明」論ジュリ2号（2012年）51頁、堀江慎司「伝聞法則と供述調書」法時84巻9号（2012年）29頁、松田岳士「伝聞法則の運用」刑法雑誌51巻3号（2012年）353頁。

第14章

違法収集証拠の証拠排除と判断基準

半田靖史　高知地方・家庭裁判所判事（所長）

1　違法収集証拠排除法則の確立

　違法収集証拠排除法則（以下「排除法則」という）について、かつて最三小判昭24・12・13集刑15号349頁は、傍論ながら、押収物〔匕首（あいくち）〕は押収手続が違法であっても物それ自体の性質、形状に変異を来たすはずがないから、その形状等に関する証拠たる価値に変わりはないと判示し、消極的な態度を示した。しかし、アメリカ法の影響を受けて排除法則を認める学説が有力化し、判例も下級審レベルでは、その適用が積み重ねられていった。

　そして、最一小判昭53・9・7刑集32巻6号1672頁（昭53最判）は、最高裁として初めて排除法則を採用した。すなわち、①違法収集証拠（証拠物）の証拠能力については、憲法及び刑訴法に何らの規定も置かれていないので、刑訴法の解釈に委ねられている、②その証拠能力に関しても、刑訴法1条の見地からの検討を要し、証拠物の証拠としての性格（昭24最判の上記判示と同旨）に鑑みると、押収手続に違法があるとして直ちにその証拠能力を否定することは、事案の真相の究明に資するゆえんではなく、相当でない、③他方、事案の真相の究明も基本的人権の保障を全うしつつ、適正な手続のもとでされなければならず、ことに憲法35条が、憲法33条の場合及び令状による場合を除き、住居の不可侵、捜索及び押収を受けることのない権利を保障し、これを受けて刑訴法が捜索及び押収等につき厳格な規定を設けていること、憲法31条が法の適正な手続を保障していること等に鑑みると、④証拠物の押収等の手続に、憲法35条及びこれを受けた刑訴法218条1項等の所

期する令状主義の精神を没却するような重大な違法があり、⑤これを証拠として許容することが、将来における違法な捜査の抑制の見地からして相当でないと認められる場合には、その証拠能力は否定されるべきである、と判示したのである。以後、排除法則は昭 53 最判に沿って判例上定着し、最高裁レベルでも、最二小判平 15・2・14 刑集 57 巻 2 号 121 頁（平 15 最判）において、初めて証拠能力を否定する判断が示された（覚せい剤使用に係る尿の鑑定書）。

2 排除法則の根拠と証拠排除の基準

[1] 排除法則の根拠

学説では、a 司法の廉潔性・無瑕性説、b 将来の違法捜査に対する抑止効説、c 適正手続に関する憲法保障説（規範説）の 3 つが唱えられている。いずれもアメリカ連邦最高裁の判例で論じられてきたものである。3 者を総合して根拠とする説もある。a 説は司法に対する国民の信頼を損なわないことを目的とし、b 説と並んで政策的根拠である。c 説は憲法規範自体に根拠が内在しているとする。昭 53 最判は、違法収集証拠の証拠能力は刑訴法の解釈に委ねられていると判示（上記 1 ①）しており、判例上、憲法保障説は排斥されたと解するのが一般である[1]（反対の見解も有力である）。これは、憲法 31 条、35 条が、自白についての憲法 38 条 2 項と異なり、証拠排除に言及していないことから、憲法規定から直接的に排除法則を導くことは困難だからである。昭 53 最判は、刑訴法の解釈適用を通じて、憲法 31 条、35 条の手続保障を担保することを求めたものと解される。

[2] 証拠排除の基準

絶対的排除説と相対的排除説の対立がある。絶対的排除説は、憲法上の保障（c 説）を根拠の中心とし、憲法 35 条違反や刑訴法の強行規定に違反する証拠収集、あるいは刑法上処罰に値する違法行為による証拠収集のように、

---

[1] 最判解昭和 53 年度 400 頁〔岡次郎〕、大谷直人「違法に収集した証拠」松尾浩也・井上正仁編『刑事訴訟法の争点〔第 3 版〕』（有斐閣、2002 年）194 頁等。

重大な違法があれば直ちに証拠排除をする。同説に対しては、裁判所が違法認定に慎重になりやすい、柔軟な政策的考慮ができないという批判がある。相対的排除説は、証拠収集手続の違法判断と証拠排除の要否の判断を分けて、違法と判断された場合でも、司法の廉潔性及び違法捜査抑制の見地（a 説、b 説）から、その手続違反の程度や頻発性、手続違反と証拠獲得の因果性（いずれは適法な手段によって当該証拠が獲得されたか）、証拠の重要性、事件の重大性などを総合的に考慮して、証拠排除の要否を決するというものである。同説に対しては、基準が不明確である、事件の重大性や証拠の重要性を考慮すると処罰の必要性を重視することになるという批判がある。なお、相対的排除説をとりつつ、明白かつ重大な違法ないし憲法違反がある場合には絶対的に排除するという見解もある[2]。

[3] 昭 53 最判が示した証拠排除の基準

昭 53 最判が示した基準は、①証拠収集手続に令状主義の精神を没却するような重大な違法があること（**違法の重大性**）、②これを証拠として許容することが将来における違法捜査抑制の見地から相当でないこと（**排除相当性**）である。同最判が、証拠排除を憲法上の保障とする立場をとらなかったこと、違法の重大性のほかに違法捜査の抑制の見地からの排除相当性を基準としたことから、同最判は、司法の廉潔性・無瑕性の保持及び違法捜査の抑止という政策的根拠に基づく排除法則を採用し、相対的排除説に立ったものと解されている[3]。

(1) **違法の重大性**とは、絶対的排除説の項で示した例など、かなり程度の高い場合をいうと解されている。具体的には、①手続違反の程度（適法な手

---

2) 井上正仁『刑事訴訟における証拠排除』（弘文堂、1985 年）403 頁、田口守一『刑事訴訟法〔第 6 版〕』（弘文堂、2012 年）375 頁。ただし、そこでいわれる重大な違法とは、絶対的排除説の「重大な違法」よりも遥かに重大なものが想定されているという指摘がある（中島洋樹「違法収集証拠排除法則の現状と展望」法時 1069 号〔2014 年〕109 頁）。
3) 井上・前掲注 2) 539 頁。なお、同 554 頁は、昭 53 最判が「重大な違法」を要件としたのは、違法捜査抑制の見地とは独立のもので、司法の無瑕性に基づく証拠排除と親和的であるとする（同旨：緑大輔「違法に収集された証拠の証拠能力」法セミ 685 号〔2012 年〕113 頁）。

続からの逸脱の程度、無令状の場合には違法な有形力行使の有無・程度)、②手続違反がなされた状況(緊急性・必要性)、③捜査機関の意図(悪意の場合に違法性が高まる)、④適法な手段による証拠獲得が可能な状況があったか(法の執行方法の選択を誤ったにすぎないか)、などが考慮される。

排除相当性の要素としては、手続違反の計画性や組織性(上記③と重なる部分がある)、同種違反の頻発性、手続違反と証拠獲得の因果性、証拠の重要性、事件の重大性などが挙げられる。なお、平15最判(覚せい剤所持の部分)と最三小決平21・9・28刑集63巻7号868頁(平21最決。後記4[3])は、証拠能力を肯定するにあたり、証拠の重要性に言及している。

(2) 違法の重大性と排除相当性の関係については、証拠排除をする、すなわち証拠能力を否定するためには両方が必要であるとする説(重畳説)と、一方で足りるとする説(競合説)がある。実務上は、昭53最判の文言に忠実な重畳説によっている。後記4[1](2)のとおり、平15最判も、違法の重大性と排除相当性の両方を肯定して尿鑑定書の証拠能力を否定している。ところで、重畳説によると、違法の重大性が否定されれば、排除相当性を問うまでもなく証拠排除はなされず、逆に、違法の重大性が肯定されても、排除相当性が否定されて証拠排除されないことがありうる。しかし、違法が重大であれば、特段の事情がない限り、そのような違法捜査を抑制する必要が強いので、排除相当性も肯定されると解されている。証拠排除を否定した最高裁判例は、いずれも違法の重大性を否定したものであり、違法の重大性を肯定しながら排除相当性を否定して証拠排除を否定した事例はなく、下級審判例も同様であろう。なお、証拠排除を否定した最高裁判例には、違法の重大性がなく排除相当性もないと判示したものが少なくないが、排除相当性についての判示は念のためのものであって、競合説に立っているわけではないと解される。

重畳説の立場では、違法の重大性が肯定された場合に排除相当性を問うことから、排除相当性は、それが否定されれば証拠排除が認められないという消極的要件として機能するにすぎない。例えば、違法は重大であるが、「たまさかの違法捜査」[4]として排除不相当とする場合や、死亡重大事件の決定的証拠であるために、明らかな重罪犯人を放免することによる司法に対する信

---

4) 石井一正『刑事実務証拠法〔第5版〕』(判例タイムズ社、2011年) 151頁。

頼の毀損を考慮して、排除不相当とする場合[5]が考えられる（後者については、そのような証拠だからこそ、違法捜査の誘惑が強いともいえるが）。

競合説は、違法が軽微な場合であっても、その違法が頻発性を持つ場合や、捜査官に令状主義潜脱の意図がある場合には、違法捜査抑制の基準から証拠排除を認めるべきであると主張する（田口前掲注2）378頁）。もっとも、裁判所は、薬物事案において、任意同行や留め置き、所持品検査の違法を度々認定しているが、違法の頻発性を理由として証拠排除をした例はないように思われる。検討すべき課題であるが、訴訟の場では専ら違法の有無と程度が争われ、立証の困難さもあって同種違法の頻発性は争点になっていないのが実情である。

3　具体例の検討

[1] 昭53最判

昭53最判は、B巡査が被告人に対し、上衣左側内ポケットの所持品の提示を要求した段階では、覚せい剤の使用・所持の容疑がかなり濃厚に認められ、職務質問に妨害が入りかねない状況もあったから、所持品検査の必要性、緊急性は認められるとしたが、被告人の承諾がないのに、上衣左側内ポケットに手を差し入れて所持品を取り出して検査した行為については、一般にプライバシー侵害の程度が高く、かつ態様において捜索に類するものであるから、職務質問に附随する所持品検査の許容限度を逸脱したものと認めた。そして、違法な所持品検査と試薬検査に基づいて被告人を覚せい剤所持で現行犯逮捕し、逮捕に伴って覚せい剤等を差し押さえた手続は違法であるとした。次いで、違法収集証拠の証拠能力について前記1の一般論を展開した上で、「被告人の承諾なくその上衣左側内ポケットから本件証拠物を取り出したB巡査の行為は、職務質問の要件が存在し、かつ、所持品検査の必要性と緊急性が認められる状況のもとで、必ずしも諾否の態度が明白ではなかつた被告人に対し、所持品検査として許容される限度をわずかに超えて行われたにすぎないのであって、もとより同巡査において令状主義に関する諸規定を潜脱しようとの意図があつたものではなく、また、他に右所持品検査に際し強制等

---

5)　大澤裕・杉田宗久「違法収集証拠の排除」法教328号〔2008年〕71頁〔杉田発言〕。

のされた事跡も認められないので、本件証拠物の押収手続の違法は必ずしも重大であるとはいえないのであり、これを被告人の罪証に供することが、違法な捜査の抑制の見地に立つてみても相当でないとは認めがたい」と説示し、覚せい剤等の証拠能力を肯定した。

　昭53最判は、所持品検査が許容限度をわずかに超えたものであること（前記2［3］(1)の①手続違反の程度）、所持品検査をする必要性と緊急性があったこと（同②手続違反がなされた状況）、B巡査に令状主義潜脱の意図がなかったこと（同③捜査機関の意図）などから、違法の重大性は認められないと判断したものである。同最判は排除相当性にも言及しているが、結論を述べるだけであり、違法の重大性の有無が決定的事情であることを示している。

[2] 最二小判昭61・4・25刑集40巻3号215頁（昭61最判）

　警察官が、被告人を自宅から警察署に任意同行して留め置いた上、被告人から尿を採取し、覚せい剤が検出された事案である。昭61最判は、採尿手続の適法違法は、先行する手続の違法の有無、程度をも考慮して判断するとした上で（後記4［1］(1)参照）、被告人宅の寝室まで承諾なく立ち入ったこと、任意同行に際し明確な承諾を得ていないこと、被告人の退去の申し出に応ぜず警察署に留め置いたことなどから、先行手続には任意捜査の域を逸脱した違法があり、これに引き続く採尿手続も違法性を帯びるとした。しかし、「被告人宅への立ち入りに際し警察官は当初から無断で入る意図はなく、玄関先で声をかけるなど被告人の承諾を求める行為に出ていること、任意同行に際して警察官により何ら有形力は行使されておらず、途中で警察官と気付いた後も被告人は異議を述べることなく同行に応じていること、警察官において被告人の受験の申し出[6]に応答しなかつたことはあるものの、それ以上に警察署に留まることを強要するような言動はしていないこと、さらに、採尿手続自体は……被告人の自由な意思での応諾に基づき行われていること」を指摘して、採尿手続の違法の程度は重大であるとはいえ、尿の鑑定書を罪証に供することが、違法捜査抑制の見地から相当でないとは認められないとして、その証拠能力を肯定した。

　違法の重大性が否定されたのは、客観的な手続違反の程度が大きいと評価

---

6) 被告人は、その日、タクシー乗務員の試験を受けることになっていると申し出た。

されなかったためであろう。警察官の意図についても、特に違法性を高める事情はなかったといえる。

[3] 最三小決平 6・9・16 刑集 48 巻 6 号 420 頁（平 6 最決）
　警察官が、覚せい剤使用の疑いのある被告人に対し、自動車の停止を求めて停止させ、エンジンキーを取り上げて職務質問を行い、任意同行を求めて 6 時間半以上にわたって現場に留め置き、その間に請求、発付された強制採尿令状に基づいて被告人を病院に連行して採尿した、という事案である。平 6 最決は、エンジンキーを取り上げた行為は、職務質問及び交通の危険を防止するために必要かつ相当な措置であるが、その後強制採尿令状が執行されるまでの間（注：発付後も含むことに注意）、6 時間半以上も被告人を現場に留め置いた措置は、任意同行を求めるための説得行為の限度を超え、被告人の移動の自由を長時間奪った点において、任意捜査として許容される範囲を逸脱した違法なものであるとした[7]。しかし、証拠能力については、まず、①行使された有形力は、エンジンキーを取り上げて返還せず、あるいは、エンジンキーを持った被告人が車に乗り込むのを阻止した程度で、さほど強いものではなく、被告人に運転させないための必要最小限度にとどまること、②路面が積雪により滑りやすく、覚せい剤中毒をうかがわせる異常な言動を繰り返していた被告人があくまで運転しようとしたことから、交通危険の防止の面からも運転を阻止する必要性が高かったこと、③被告人が、自ら運転することに固執し、他の方法による任意同行を拒否し続けたことから、説得が長時間に及んだのもやむを得なかったこと、④警察官に当初から違法な留め置きをする意図があったとは認められないことを総合して、警察官が、早期に令状を請求することなく長時間被告人を留め置いた措置は違法であるが、違法の程度は重大とはいえないとした。その上で、強制採尿令状は、留め置きが違法とされるほど長期化する前に収集された疎明資料に基づき発付されたもので、その発付手続に違法はなく、また、同令状の効力により、必要最小限度の有形力を行使しても被疑者を採尿に適する最寄りの場所まで連行す

　　7）　なお、酒巻匡「行政警察活動と捜査(1)」（「刑事手続法の諸問題」第 3 回）法教 285 号（2004 年）51 頁は、本件の留め置きは違法な身柄拘束すなわち無令状の違法逮捕とみるべきであるとする。同『刑事訴訟法』（有斐閣、2015 年）41 頁。

ることができるとして、強制採尿手続自体に違法な点はないとした。こうして、平6最決は、職務質問及び被告人の留め置きという先行手続には違法があるが、重大なものとはいえず、強制採尿手続自体には違法な点はないから、これによって得られた証拠を罪証に供することが、違法捜査抑制の見地から相当でないとも認められないとして、尿の鑑定書の証拠能力を肯定した。

本件では、さほど強い有形力を行使していないという手続違反の程度、運転を阻止する必要性が高いのに被告人が運転に固執したという手続違反の状況、そして、警察官に当初から違法な留め置きをする意図がなかったことが考慮されて、違法の重大性が否定されたものである。強制採尿手続自体の適法性については、職務質問が違法に長期化する前に取得された情報（疎明資料）によって、強制採尿令状が発付されたことが重要である。なお、平6最決は、強制採尿令状の効力によって、有形力を行使して被疑者を採尿場所に連行できるという判断を最高裁として初めて示したものである。

[4] 昭53最判以降の判例に対する評価

(1) 批判としては、①昭53最判の排除基準は相当に限定的であるから、排除法則の実際の機能は排除されない場合の捜査に対する違法宣言となり、裁判所にとってはリップサービス、捜査機関にとっては排除されないことへの安堵となる可能性がある、②手続違反の頻発性は顧みられることがなく、違法の重大性が認められない場合でも証拠排除の余地を認める相対的排除説の重要な面が否定された、③「違法性は認めるが証拠排除は認めない」という多くの裁判例には、違法捜査抑制の効果を期待できないなどの指摘がある[8]。逆に、④証拠排除を伴わずに違法宣言ができるため、仮に捜査官に不可能を強いる違法判断が安易になされれば、捜査現場に混乱をもたらすとの指摘もある[9]。裁判官からは、⑤下級審が昭53最判を受けて、違法の有無と重大性を順次判断する2段階の判断方式をとってきたことは、刑訴法のあるべき解釈と捜査機関に対する指針を示す意義があった、⑥長年にわたる最高裁の違法宣言や、昭53最判を指標として証拠排除をした下級審判例の趣旨が、捜

---

[8] ①＝田宮裕『刑事訴訟法〔新版〕』（有斐閣、1992年）404頁、②＝中島前掲注2) 111頁、③＝清水保彦「違法排除法則——弁護の立場から」三井誠ほか『新刑事手続Ⅲ』（悠々社、2002年）358頁。

[9] ④＝松下裕子「違法排除法則——検察の立場から」前同書366頁。

査の現場や検察官の事件処理に浸透してきている、との評価がある[10]。

　(2)　筆者も近年、職務質問現場への留め置きが問題となった薬物所持事件を経験した。その事件では、警察官は職務質問開始から30分程度で令状請求の準備のために現場を出発していたが、これは、「早期に令状を請求することなく長時間にわたり被告人を留め置いた措置は違法」とした平6最決が浸透したためかもしれない[11]。また、東京高判平21・7・1判タ1314号302頁及び同平22・11・8同1374号248頁は、留め置きを「純粋に任意捜査として行われている段階」と、強制採尿令状の請求から執行に向けた「強制手続への移行段階」とに区分し、後者では前者に比べて相当程度強くその場に止まるように求めることができるとの解釈（いわゆる「2分論」）[12]を示すとともに、令状請求の準備に着手したことを被疑者に告げる運用を提言した。筆者担当の上記事件でも、警察官は被告人に「令状請求（の準備）をしているから、ここで待つように」と繰り返し告げており、この2判例の影響がうかがわれた。留め置きの違法が宣言される事例が後を絶たないことは事実であるが、捜査活動に対する裁判所の評価が少なからず捜査機関に影響を与えていることも事実である。最近は、捜査機関又は被疑者が職務質問や留め置きの状況を録音録画している事例も珍しくないから、捜査機関の研究教育現場でこれらの録音録画に基づく裁判所の判断が検討されれば、更に強い影響を与えるであろう。

4　違法の承継論と毒樹の果実論

[1]　違法の承継論

　(1)　昭53最判の事案は、警察官が被告人のポケットから覚せい剤を取り

---

[10] ⑤＝三好幹夫「違法排除法則——裁判の立場から」前同書349頁、⑥＝前掲注5) 70頁〔杉田発言〕。

[11] 当該事件の判決（東京高判平27・3・4判時2286号138頁）は、留め置きを違法としたが押収された薬物等の証拠能力は肯定した。令状請求の準備着手前の留め置き時間は、後記東京高判平21判決、22年判決の各事案でも30から40分であった。平6最決の事案は約4時間20分。

[12] 2分論に対する評価は分かれており、その後の裁判例も流動的である。本文の各東京高判については、本書第1章〔青沼潔〕参照。

出したという直接の証拠収集手続が違法とされた事案である。しかし、実際には、証拠能力が争われる証拠の直接の収集手続自体には特に問題がないが、先行する捜査手続が違法である場合が多い。このようなときに、先行する捜査手続の違法がこれに続く直接の証拠収集手続に引き継がれて、後行手続も違法性を帯びるというのが違法の承継論である。例えば、昭61最判の事案では、採尿手続自体は強制によらず、被告人の任意の応諾に基づいて行われたが、同最判は、「被告人宅への立ち入り、同所からの任意同行及び警察署への留め置きの一連の手続と採尿手続は、被告人に対する覚せい剤事犯の捜査という同一目的に向けられたものであるうえ、採尿手続は右一連の手続によりもたらされた状態を直接利用してなされていることにかんがみると、右採尿手続の適法違法については、採尿手続前の右一連の手続における違法の有無、程度をも十分考慮してこれを判断するのが相当」と判示した。すなわち、先行手続とこれに続く直接の証拠収集手続に同一目的・直接利用の関係が認められれば、違法が承継されると判断し、その上で、直接の証拠収集手続の違法の重大性と当該証拠の排除相当性を検討するというのである。

(2) 一方、最高裁として初めて証拠排除を認めた平15最判（覚せい剤使用の部分）は、先行手続の違法と証拠能力が問題となる証拠の関係について、密接関連性という基準を示した。この事案では、警察官は、被告人について窃盗による逮捕状の発付を受けていたが、逮捕状を携行しないで被告人方に赴き、抵抗する被告人を制圧して警察署に連行し、その後逮捕状を呈示した。被告人は、逮捕当日、警察署で任意の採尿に応じ、覚せい剤が検出されたために同使用の罪で起訴された。ところが、警察官は、被告人方付近で逮捕状を呈示したという虚偽の捜査報告書等を作成し、公判でも同報告書に沿って事実に反する証言をした[13]。平15最判は、①本件の経緯全体を通して表れたこのような警察官の態度を総合的に考慮すれば、本件逮捕手続の違法の程

---

13) 一、二審判決は、現場で逮捕状を呈示したという警察官3名の証言は信用できず、不呈示の疑いがあるとしたが、適法性の立証責任が検察官にあることから、最高裁は、逮捕状の不呈示及び警察官が事実に反する証言をしたことを、証拠能力判断の前提事実としている。
14) 警察官が逮捕後にした不実記載や不実の証言については、違法の重大性の要素とみる説と排除相当性の要素とみる説がある。重畳説からは、警察官の逮捕後の態度をも併せて違法の重大性を肯定したと理解することになろう。平15最判については、最判解平成15年度21頁（朝山芳史）が重要である。

度は、令状主義の精神を潜脱し、没却するような重大なものである[14]、②このような違法な逮捕に密接に関連する証拠を許容することは、将来における違法捜査抑制の見地からも相当でないから、その証拠能力を否定すべきである、③本件採尿は、本件逮捕の当日にされたものであり、その尿は重大な違法があると評価される本件逮捕と密接な関連を有する証拠であるというべきであると判示し、尿の鑑定書の証拠能力を否定した。

　本件採尿は、違法逮捕の状態を利用して行われており、直接利用には当たるといえよう。しかし、窃盗の捜査のための逮捕と同一目的とはいえない。にもかかわらず尿の鑑定書の証拠能力を否定した平15最判の趣旨は、先行手続の重大な違法が後行手続にいかなる影響を及ぼすかは、要は因果関係の問題であり、それが強ければ、すなわち密接な関連性があれば、後行手続にも重大な違法があるとして、後行手続によって得られた証拠の証拠能力を否定すべきであるというものである[15]。そうすると、同一目的・直接利用とは、因果関係の強さを示す一つの指標ということになる。

[2] 毒樹の果実論

　(1)　毒樹の果実論（The "fruit of the poisonous tree" doctrine）とは、違法に収集され、証拠能力を否定すべき証拠（第1次証拠、毒樹）に基づいて発見、取得された証拠（第2次証拠、派生証拠、果実）についても、証拠能力を否定するという理論である。アメリカで発展してきた理論であり、実質的な根拠は、毒樹が違法収集証拠として排除される以上、果実も排除しなければ、排除法則の意義が失われることにある。もっとも、両証拠の間に因果関係があれば直ちに排除するのではなく、将来の違法捜査の抑止を基礎とした利益衡量によって排除の要否を検討し、因果関係の程度、証拠の使用目的、第1次証拠の収集手続の違法の程度を考慮して決しているといわれている[16]。我が国においても、最三小判昭58・7・12刑集37巻6号791頁（違法な別件逮捕

---

15)　②の説示からは、密接関連性を排除相当性の要素としているようにもみえる。しかし、重畳説を前提とすれば、重大な違法の存在が第一条件であるから、因果関係は第一次的には尿鑑定の重大な違法の要件とみるべきであろう。これは、平15最判の覚せい剤所持に関する説示からも読み取れる。

16)　川出敏裕「いわゆる『毒樹の果実論』の意義と妥当範囲」『松尾浩也先生古稀祝賀論文集　下巻』（有斐閣、1998年）517頁参照。

勾留中の捜査官に対する自白の証拠能力を否定したが、その間に得られた勾留質問調書及び消防職員の質問調書の証拠能力を肯定した一、二審判決を是認）の伊藤正己裁判官の補足意見が、第2次証拠を「毒樹の実」として、いかなる限度で排除するかについては、単に第1次証拠と何らかの関連をもつことのみをもって一律に排除すべきではなく、「第一次的証拠の収集方法の違法の程度、収集された第二次的証拠の重要さの程度、第一次的証拠と第二次的証拠との関連性の程度等を考慮して総合的に判断すべきものである」と述べている。

(2) 平15最判の覚せい剤所持の部分では、違法に収集された被告人の尿の鑑定書（第1次証拠）から派生して発見、押収された覚せい剤及びその鑑定書（第2次証拠）の証拠能力が問題となっており、毒樹の果実論と同じ問題状況であった。平15最判は、①本件覚せい剤は、被告人の覚せい剤使用を被疑事実とする捜索差押許可状に基づく捜索により発見され差し押さえられたものであるが、同令状は被告人の尿の鑑定書を疎明資料として発付されたものであるから、証拠能力のない証拠と関連性を有する証拠である、②しかし、その差押えは、ア）司法審査を経て発付された捜索差押許可状によってされたものであること、イ）逮捕前に適法に発付されていた被告人に対する窃盗事件についての捜索差押許可状の執行と併せて行われたことなどの諸事情にかんがみると、本件覚せい剤の差押えと被告人の尿の鑑定書との関連性は密接なものではない、③したがって、本件覚せい剤とその鑑定書については、その収集手続に重大な違法があるとまではいえず、これらの証拠の重要性等諸般の事情も総合すると、証拠能力を否定することはできない、と判示した。

このように、平15最判は、本件覚せい剤が違法収集証拠である尿の鑑定書と関連性のある証拠であること、すなわち「毒樹の果実」に該当しうる（又は該当する）ことを認めた上で、上記ア）、イ）の事情から、尿の鑑定書と本件覚せい剤の差押えとの間に密接な関連性はないとして、本件覚せい剤の収集手続の違法の重大性を否定し、証拠能力を認めている。その判示からは、違法な第1次証拠と第2次証拠の収集手続の密接関連性が、第2次証拠の収集手続における違法の重大性の要件になっていると解される。密接関連性を否定した事情のうち、ア）はアメリカ法における違法の稀釈法理に、イ）は同じく不可避的発見との法理に通じるものがある。ただし、ア）については、令状発付の決定的な疎明資料が違法収集証拠である場合にも稀釈を認めるこ

とには疑問がある[17]。

[3] 両者の関係

　違法の承継論は「違法な先行手続の結果を後行の証拠収集手続が利用した場合の、後行手続の違法性とその証拠能力」の問題、毒樹の果実論は「違法な先行手続によって得られた第1次証拠から派生した第2次証拠の証拠能力」の問題というように、一応区分することができるが、両者の関係については、学説も錯綜しており定かではない。アメリカの毒樹の果実論についても、第1次証拠に基づいて派生証拠が獲得されたという類型だけではなく、第1次証拠が存在しない類型も扱われており、派生証拠の証拠能力の問題というよりは、当該証拠の直接の獲得手続に先行する手続の違法性が、その証拠能力にいかなる影響を及ぼすかについての議論である、という指摘がある[18]。毒樹の果実論がこのように幅広いものであるとすると、違法の承継論の領域も毒樹の果実論でカバーできることになる。

　最高裁は、○○論などという名称を使っているわけではない。個別事例における説明の仕方にも違いがある。例えば、平15最判（覚せい剤所持の部分）は、覚せい剤及びその鑑定書について、根本にある違法逮捕との関連性ではなく、令状発付の疎明資料となった違法な尿鑑定書との密接関連性を問題にして、派生証拠の証拠能力を論じているようである。他方、平21最決（捜査機関が宅配便業者の下にある荷物に行ったエックス線検査を違法としたが、その結果を一資料として発付された捜索差押許可状によって得られた覚せい剤及び同原料につき証拠能力を認めた）は、「本件覚せい剤等は、違法な本件エックス線検査と関連性を有する証拠である」が、「その証拠収集過程に重大な違法があるとまではいえず」と述べており、捜索差押許可状発付の疎明資料となった"エックス線写真"との関連性ではなく、"エックス線検査"という先行手続との関連性を問題にしている。平15最判では、先行する違法逮捕

---

[17] 川出・前掲注16）537頁。東京高判平25・7・23判時2201号141頁は、違法な取調べによって被告人に覚せい剤の所在を自供させ、その供述を枢要な疎明資料として発付された捜索差押許可状によって覚せい剤が発見押収された事案につき、覚せい剤及びその鑑定書の証拠能力を否定した。

[18] 川出・前掲注16）527頁。同旨：高田昭正「先行手続の違法と証拠排除──『毒樹の果実』論と『違法の承継』論」立命館法学2012年5・6号398頁以下。

と覚せい剤の差押えの間に採尿手続及びそれによって得られた尿の鑑定書が介在しているとはいえ、いずれにおいても、先行違法手続（違法逮捕、違法なエックス線検査）と覚せい剤の関連性を問題にすることも、第1次証拠（尿の鑑定書、エックス線写真）と覚せい剤の関連性を問題にすることも可能であって、このような問題設定の違いに本質的な意味があるとは思われない。

　もともと、排除法則自体が政策的な総合判断であることに照らすと、証拠能力が争われる証拠の直接の収集手続自体に特に問題がなく、先行する捜査手続が違法である場合の解決としては、「端的に、先行の違法行為と因果関係を有する証拠が、どのような場合に、その証拠能力を否定されるのか（川出前掲注 16）535 頁）」という問題設定が簡明である。具体的には、先行手続の違法の程度、先行手続と当該証拠の因果関係の程度（密接関連性）から、当該証拠の収集手続の違法の重大性を検討し、それが肯定されれば、手続違反の頻発性、証拠の重要性、事件の重大性などを総合考慮して、排除相当性を決することになる。

5　GPS捜査と排除法則

　最大判平 29・3・15 刑集 71 巻 3 号 13 頁は、「車両に使用者らの承諾なく秘かに GPS 端末を取り付けて位置情報を検索し把握する刑事手続上の捜査である GPS 捜査は、個人のプライバシーの侵害を可能とする機器をその所持品に秘かに装着することによって、合理的に推認される個人の意思に反してその私的領域に侵入する捜査手法であり、令状がなければ行うことができない強制の処分である。」（判決要旨）と判示した[19]。問題となった GPS 捜査とは、広域集団窃盗事件の捜査の一環として、約 6 か月半の間、被告人らの自動車 19 台に GPS 端末を秘かに無令状で取り付けた上、各車両の位置情報を継続して検索し把握した捜査である。第一審裁判所は、本件 GPS 捜査には重大な違法があるとして、それによって直接得られた証拠及びこれに密接に関連する証拠（注：犯行の日時場所や被害品についての捜査報告書等）の証拠

---

[19]　評釈として、伊藤雅人・石田寿一「最高裁大法廷時の判例」ジュリ 1507 号〔2017 年〕106 頁、井上正仁「GPS 捜査」判例百選〔第 10 版〕30 事件等がある。本書第 1 章「強制処分の意義及び任意捜査の限界」も参照されたい。

能力を否定し、その余の証拠につき密接に関連するとまでは認められないとして証拠能力を肯定して被告人を有罪とした。本判決は、第一審判決が証拠能力の肯定される証拠で被告人を有罪としたことを正当としており、同判決が証拠能力を否定した証拠の証拠能力についての判断は示していない。しかし、本件GPS捜査に重大な違法があったとはいえないとした控訴審の判断を是認できないとしていることからすると、本判決は、少なくともGPS捜査が無令状で行われた場合には、それと密接に関連する証拠の証拠能力を否定する方向を示していると解される。

　本判決前には、当該事件におけるGPS捜査の内容を検討して任意捜査とした裁判例も少なくなく、強制処分とした裁判例も証拠排除については結論が分かれていた。強制処分としながら証拠能力を肯定した名古屋高判平28・6・29判時2307号129頁は、GPS捜査と当該証拠の関連性が強くないこと、GPS捜査を行う必要性があり警察庁の運用要領に沿って行われたこと、当時はGPS捜査を強制処分であるとする司法判断がなかったことなどを理由としている。一方、証拠能力を否定した本判決第一審は、プライバシー侵害の大きさ、警察官の令状主義軽視、GPS捜査の存在を組織的に秘匿、将来のGPS技術進歩を見据えた違法捜査抑止の必要性などを理由としている。そして、本判決後の東京地判平29・5・30（裁判所ウェブサイト、LEX/DB25545864）は、広域連続窃盗事件の捜査としてGPS捜査を行い、その結果判明した被告人の所在地で窃盗により通常逮捕した事案において、逮捕時に発見され被告人から提出を受けた覚せい剤及びその後提出を受けた尿の鑑定書等の証拠能力を否定し、覚せい剤の所持・使用につき無罪とした。この判決は、逮捕時に違法にけん銃を突き付けたことも証拠能力否定の理由としているが、GPS捜査の違法性について、令状主義の精神を潜脱し没却する重大なものであると評価している[20]。

---

[20] そのほかにも、本判決後、違法なGPS捜査と密接に関連する証拠の証拠能力を否定した裁判例として、①奈良地葛城支判平29・6・19（裁判所ウェブサイト、LEX/DB25546108）、②東京高判平30・1・12（LEX/DB25549824）、③同平30・3・22（裁判所ウェブサイト、LEX/DB25449446）がある（いずれも窃盗事件で、①②は他の証拠により有罪、③は一部の窃盗につき証拠能力否定により無罪）。

6　その他の論点

以上のほかに、①自白にも排除法則が適用されるか、すなわち自白法則との関係、②被告人側が違法収集証拠の取調べに同意し、又は異議がないときは無条件に証拠能力が認められるか、③証拠排除は被告人自身が権利侵害を受けたときに限られるか（申立適格）、④私人による違法収集証拠の証拠能力、⑤弾劾証拠としての許容性、⑥証拠排除には至らない証拠収集手続の違法を量刑上考慮（軽減）することができるか、などの論点がある[21]。

最後に、東京高判平28・8・23判タ1441号77頁は、警察官がDNA採取という目的を秘して被告人にお茶を勧め、その紙コップからDNA型鑑定の資料を入手したことは強制処分に当たり、重大な違法があるとしてDNA型鑑定書の証拠能力を否定した。今日的な問題であり、反対説も含めどのような論理構成が可能か考えてみてほしい。

---

21)「その他の論点」及び判例、実務の全般的傾向については、河上和雄ほか編『大コンメンタール刑事訴訟法　第7巻〔第2版〕』（青林書院、2012年）487頁以下〔安廣文夫〕参照。

第15章

一事不再理の効力

守屋克彦　弁護士

1　はじめに

　刑事訴訟法の理論と運用を伝えることを目指して、実際の刑事裁判に従事した経験を生かした小論文を続けようとしてきた本書も、この章で終了する。残された論点ももとより数多く、述べた内容にも付け加えるところがないわけではないが、また、他日を期することにしたい。そこで、最後のテーマとして、一事不再理の効力を取り上げることにした。これまでの論稿にも垣間見えていたように、ドイツ法に多くを拠っていた大陸法系の大正刑事訴訟法の骨格を残したまま、英米法に基づく制度が接ぎ木されたような戦後の刑事訴訟法理論の複雑さと、それを反映しながら蓄積されてきた実務を眺めてみるのにふさわしい分野と思えるからである。

　日本国憲法39条は「何人も、実行の時に適法であつた行為又は既に無罪とされた行為については刑事上の責任を問はれない。又、同一の犯罪について、重ねて刑事上の責任を問はれない。」と規定し、後段において、一事不再理の思想を明確にしている。このように、同一事実について再び裁判をすることが許されないとする考えは、古くローマ法に淵源を持つ「ne bis in idem」の法理として、大陸法系の法制においても、近代市民革命の成果として、定着していた。我が国においても、大正刑事訴訟法314条1号においては、「確定判決ヲ経タルトキ」は、「予審判事ハ決定ヲ以テ免訴ノ言渡ヲ為スヘシ」として、現在の刑事訴訟法337条1号と全く同じ趣旨の規定を置いていた。裁判が通常の上訴によって取消すことができない状態（判決の確定）

になったときに形式的確定力と呼ぶ効力が生じるとともに、内容的にも、具体的に認定された事実に対して法令を適用し、有罪であれば刑の量定まで含む事件の実体を確定する効力＝実体的確定力が応じるので、判決における法的安全性の要求上、その事件について、再度の公訴提起を許すべきでないとする外部的効力が生じるとされた。

　しかし、日本国憲法 39 条は、制定当時の G.H.Q 側の案に基づいて、一事不再理の根拠として、一度手続の苦痛を受けた者は二度と苦痛を受けることはないという英米法の二重の危険防止の思想（doublejeopardy）を導入した。そして、「二重の危険」という言葉は、いち早く判例にも取り入れられた（最大判昭 25・9・27 刑集 4 巻 9 号 1805 頁）。そのことによって、同じ一事不再理をいいながら、裁判の判断内容の効力から説明しようとする伝統的な立場と、手続を蒸し返されることはないという裁判を受ける側の人権を強調する立場との違いが、刑事裁判ひいては刑事法制の構造にどのように影響を与えることになるのか、また、その適用範囲をどのように構築するのかという課題について、議論や研究が蓄積されてきた。

　刑事訴訟理論に一代を画したといわれる故田宮裕博士の『一事不再理の原則』、白取祐司教授の学位論文『一事不再理の研究』などの碩学による名著を含めて、数多くの判例・文献があふれているこの分野は、刑事訴訟法を学ぼうとする者が一度は訪れなければならない理論の森であるといってよいであろう。

　しかし、本稿では、そのような深く大きな論点の多くを取り上げる余裕がないので、一事不再理効が問題とされた実務の場面の中から、二つの話題を取り上げることにする。

2　少年法における一事不再理をめぐる問題

　刑事訴訟法の分野から、いきなり少年法の領域に飛ぶようであるが、少年法には、日本国憲法 39 条の意義とその適用範囲を考える格好の材料があって、長く議論が続いて来ているからである。

　それは、調布駅南口事件として著名な事件である。この事件は、平成 5 年 3 月 1 日午前 0 時 30 頃、調布駅南口駅前路上で、5 人の少年が複数の若い男に襲われ、そのうちの 1 人が傷害を負わされたという、傷害・暴力等処罰

に関する法律違反事件であった。事件発生から2ヵ月後に、少年Sの自白からA・B・C・D・Eの少年5人が共犯者として逮捕された。しかし、東京家庭裁判所八王子支部での審判では、1名を除いて、他の少年は事件との関わりを強く否定した。しかし、非行事実なしの理由で不処分となったSを除いて、AないしEの少年5名については、中等少年院に送致する旨の決定（保護処分）がなされたため、少年らはそれぞれ少年院に収容された。

しかし、少年たちが抗告したため、審理を行った抗告審の東京高等裁判所は、少年らや目撃者などの証拠調べを行い、非行事実を認定した原決定には事実誤認があるとして原決定を取り消して、事件を原審に差戻した。その結果、上記5名のうち、Cは、東京家庭裁判所八王子支部で、非行事実の証明がないとして、刑事裁判では無罪にあたる不処分決定を受け、少年院収容など拘束されていた期間については少年事件補償法による補償も受けた。しかし、東京家庭裁判所八王子支部は、残りの4名の少年については、捜査機関の補充捜査を受けた上、A・B・Dの3名を刑事処分相当として、少年法20条により検察官に送致し、審理中に成人に達したEについては、年齢超過を理由に、少年法19条2項により、これも検察官に送致した。それを受けて、東京地方検察庁八王子支部は、平成6年2月、家裁から送致された右4名に、すでに成人になっていたCも加えて、傷害・暴力行為等取締法違反の罪で、東京地方裁判所八王子支部に起訴した。そのために、Cは、さきに家庭裁判所によって中等少年院送致の決定を受け、実際に収容された後に、抗告審の審理によって原決定が破棄され、家庭裁判所に差し戻されて、成人であれば無罪の判決に相当する不処分決定を受けたのにもかかわらず、成人になった後に同じ事実に基づいて刑事訴追を受けることになり、日本国憲法39条に違反するのではないかという問題が提起されることになった。

もともと、この問題が生ずるには伏線があった。すなわち少年法46条前段（2000年の一部改正前）には、「罪を犯した少年に対して第24条1項の保護処分がなされたときは、審判を経た事件について刑事訴追をし、又は家庭裁判所の審判に付することはできない」という規定があった。しかし、一方ではそれに加えて、少年法には、保護処分には付さないにしても、家庭裁判所が、非行事実の内容や指導の必要性（要保護性）の内容に立ち入った調査あるいは審判を行った上で、保護処分に付さずに事件を終局する不処分決定（少年法23条2項）、審判不開始決定（少年法19条1項）という措置が定めら

れている。そのために、上記の少年法46条前段を日本国憲法39条の関係でどう理解するかということと、事件の実体に立ち入って審理をした結果である家庭裁判所の不処分決定あるいは審判不開始決定にも、一事不再理の効力を認めるべきではないかということが、長く議論の対象となっていたからである。

　すなわち、半世紀も前のことになるが、昭和35（1960）年9月27日、旭川家庭裁判所の裁判官が、業務上過失傷害・道路交通法違反保護事件について、道路交通法上の報告義務違反に対する違憲判断を含む審判不開始決定を行ったところ、検察官が、少年が成人に達した後に、あらためてこの事件を起訴したため、第一審の旭川地方裁判所は、すでに家庭裁判所の判断を経ているとして昭和37年1月11日に免訴の判決を行い、控訴審の札幌高等裁判所も、同年8月21日に、「家庭裁判所が少年の非行事実に対する実体的判断を経て少年法第19条にいう審判不開始決定をした場合には、少年が成年に達したからといつて、右事実については、もはや刑事訴追はなし得ない。」として控訴棄却の判決をした。それを不服として、検察官が上告をしたところ、最高裁判所は、大法廷判決（最大判昭40・4・28刑集19巻3号240頁）で、①少年法上の処分は、少年審判の目的達成のためになされるものであって、刑事法の所期する刑事裁判の目的達成のためになされるものではない。したがって、同じく事実または法律に関する判断であっても、刑事訴訟において、対審公開の原則の下に、当事者が攻撃防禦を尽くし、厳格な証拠調を経た上で、刑罰権の存否を決定するためになされる事実認定または法律判断とは、その手続を異にする、②日本国憲法39条前段にいう「無罪とされた行為」とは、刑事訴訟における確定裁判によつて無罪の判断を受けた行為を指すものと解すべきであるから、審判不開始の決定が、事案の罪とならないことを理由とするものであつても、これを刑事訴訟における無罪の判決と同視すべきではなく、これに対する不服申立の方法がないからといって、その判断に刑事訴訟におけるいわゆる既判力が生ずることはない、と判断していた。そして、この考えは、不処分決定について同様に解した最高裁判所の判断（最三小決平3・3・29刑集45巻3号158頁）によっても踏襲され、確立した判例とみられていた。しかし、その後の少年法の理論の発展、特に少年の手続的な権利の重視を基調とするいわゆる適正手続思想の台頭につれて、従来の最高裁判所の判例についても見直しを求める議論が絶えなかった。そこに登場

したのが、調布駅南口事件であった。本件の原決定は、従来の最高裁判所が、成人後の検察官の起訴を妨げる効力はないとした不処分決定であるにしても、その内実は、中等少年院での収容教育という不利益を伴い、それが理由がなかったことについて、刑事補償と同様の趣旨で設けられた少年補償法による補償も受けているものである。そのような事件について、検察官に刑事訴追が可能であるとする法理は、二重の危険の禁止を定めた日本国憲法39条の理念に照らして許されるのかどうか、少年法を中核とする少年刑事政策の中での少年司法の位置づけを含めて、最高裁判所の判断が待たれたところであった。しかし、上記Cの事件は、最高裁判所が、他の共犯者について、抗告審から差戻された事件を、再び、検察官が起訴することは不利益禁止の原則に触れるとして公訴を棄却した第一審判決を支持する判断を示したために、検察官がCに対する公訴を取り消したことにより、最高裁判所としての判断が示されずに終わった。

　このような経過があって、少年法は、2000年の一部改正において、法46条に第2項を新設し、「（少年法）22条の2第1項の決定がされた場合において、同項の決定があった事件につき、審判に付すべき事由の存在が認められないこと又は保護処分に付する必要がないことを理由とした保護処分に付さない旨の決定が確定したときは、その事件についても、前項と同様とする。」として、2000年の少年法改正で認められた審判手続に対する検察官の関与を経た事件については、不処分決定に対しても、法46条1項と同様の効力を認めることにした。しかし、検察官の関与が認められない少年審判の領域はなお残されており、少年審判事件における一事不再理原則（それを一事不再理類似というかどうかはともかく）の適用の問題の火種はなお残っているといえるのである。

3　常習一罪と一事不再理効の及ぶ範囲について

[1]　刑事訴訟法337条1号は「確定判決を経た」事件については、有罪・無罪の判断に入らずに審理を打ち切る免訴判決をすべきものとして、一事不再理の効力を定めている。そこで、事件とは何を指すかということが問題になるが、これは、公訴事実の同一性の範囲を指すと理解するのが通説である。一事不再理効を実体的確定力（既判力）の外部的効力と解する立場からいえば、

それは公訴事実の同一性の範囲で内容を異にする審判の可能性を防止するということになるし、二重の危険説からすれば、被告人が同じ事実について、再び刑事責任を問われる危険に置かれると理解される範囲を意味するということになる。その理由としては、公訴事実の同一性の範囲については一個の刑罰権のみが認められるからといわれている（実体法基準説）。したがって、一旦、訴因について有罪・無罪の実体判決が下されたならば、この訴因と別な訴因の構成が可能であり、訴因の変更や場合によっては訴因の追加が可能な事件であったとしても、再び公訴を提起することは許されないのである。このような考えは、行為が一回限りで、一個の構成要件に該当するだけの、いわゆる単純一罪では、容易に理解できると思われるし、実際にも、あまり問題が生じないが、公訴事実の同一性を単一性にまで拡げて検討すると、理論的にも、実務的にも、複雑な問題を生じることになる。すなわち、同じ一罪でも、想像的競合・牽連犯などの科刑上一罪、常習一罪、包括一罪などは、それぞれを構成する行為が、それぞれ独立して一個ないし数個の構成要件に該当する行為として個別に刑罰権の対象となりうるのに、実体法上の理由により、総合して一罪として処理することが予定されている。すなわち、犯罪は複数であるのにもかかわらず、公訴事実が単一である範囲として、一個の刑罰権の範囲として扱うべきものとされているのである。そのために、個々の犯罪の内容と犯罪相互の関連性を静的に考察する刑法など実体法の領域と、捜査、公訴及び裁判という手続の展開を踏まえた動的な考察が要求される手続法の領域との関わりの中で、複雑な問題が生じてくることになる。ここでは、そのような例として、常習一罪の場合の、判例の変遷について取り上げてみる。

[2] 常習一罪の場合の一事不再理効の範囲に関する論点は、その性質上、多数回の構成要件該当行為があって、その一個でも犯罪として公訴の提起・有罪判決が法律上は可能であるのに、常習性という構成要件に該当するという理由で、一個の刑罰権の対象となっていることから生じる独特の問題である。

A　高松高等裁判所の判決

このようなケースに関する先例としては、高松高等裁判所判決（高松高判

昭59・1・24判時1136号。以下、「高松事例」と略称する）があった（判例百選〔第7版〕99事件）。この事件の被告人は、第一審に34回の窃盗行為（最終の犯行が昭和56年9月15日頃）が、刑法235条の窃盗罪（単純窃盗罪）の併合罪として起訴された。しかし、被告人には、本件で起訴（後訴）されたすべての犯行の後である昭和56年10月22日に、大阪地方裁判所岸和田支部で、昭和55年6月20日に犯した別の窃盗の罪で懲役1年8月に処する旨の判決の言渡しを受け、この判決は、同年11月6日に確定していた（前訴）。この事件では、前訴によって有罪が確定した事件も、後訴として起訴され審理中の事件も、いずれも起訴された罪名は窃盗罪であるから、後訴の起訴状や前訴の確定判決の認定事実からでは、常習一罪の記載は読み取れないにもかかわらず、高松高裁は、その理由において、被告人の行為は、前訴・後訴を通して常習一罪に当たると認定した。すなわち、被告人は、20代から30代前半の大半の期間、その間に行った多数の窃盗罪によって刑務所に服役し、さらに、前刑の終了後4年半が経過した後、利欲的な動機から再び窃盗を始めるに至ったという犯行の経緯や、約2年3か月の間に35回（注・起訴された犯行と確定判決の対象となった犯行を含む）にわたって、共犯者とともに、バール、ドライバーなどを使用して夜間に他人の邸宅に侵入したという犯行の内容、回数、期間等を考えると、第一審に起訴された犯行は、すべて盗犯等防止及び処分に関する法律2条の常習特殊窃盗罪（注・同条4号は「夜間人ノ住居又ハ人ノ看守スル邸宅、建造物若ハ艦船ニ侵入シテ犯シタルトキ」と規定している。法定刑は、窃盗罪に当たるときは3年以上の有期懲役として、刑法235条の単純窃盗罪の10年以下の懲役又は50万円以下の罰金の法定刑に比べて、刑が加重されている）に当たると認定した。その上で、起訴された各犯行の後である昭和56年11月6日に確定した確定判決の対象となった窃盗行為も、後訴の対象である34件の本件窃盗行為と同じ盗犯等防止法2条に当たる行為と認められるので、確定判決の前の本件各窃盗行為と共に一罪を構成すべきものである、と判断した。その結果として、起訴された34件の犯行は、確定判決を経たということになるとして、被告人を免訴としたのである。

　このように、この事案は、後訴で起訴された行為の罪名が単純窃盗罪であり、確定判決の対象となった前訴の事案も単純窃盗罪であった。それにもかかわらず、高松高等裁判所は、両者の間には、常習特殊窃盗罪に該当する事由があるとして、一事不再理の効力を認めたのである。

この判断については、前訴の確定判決が窃盗罪と認定したものを、後訴の裁判所が、常習特殊窃盗罪と判断することが確定判決の拘束力を害することにならないかという点と同時に、後訴において起訴された事案についても、窃盗罪の訴因に対して、検察官の反対にもかかわらず、しかも被告人には不利な常習特殊窃盗罪を認定することは、訴因の設定を第一次的に検察官の権能と解する判例理論と抵触するのではないかという批判が当然に考えられた。

　この点に関して、高松高裁は、①後に起訴された事件について確定判決を経ているかどうかということは、その事件の公訴事実の全部又は一部についてすでに判決を経ているかどうかの問題で、判決の罪名等その判断内容とは関係がない、②検察官が、前訴の当時、犯罪が未検挙など、訴追が事実上不能であったという理由で既判力が及ばないとすれば、制度の画一性を害し、被告人の立場を不安定にする、③裁判所は、訴因を超えて事実を認定し、有罪判決をすることは許されないが、免訴や公訴棄却をするといった形式的裁判をする場合は、訴因には拘束されない、とわざわざ説明を付け加えていた。まさしく、事件の実体面を重視し、常習一罪として、常習的な犯罪に対して刑罰権を一個と定めた公訴事実の単一性及び同一性の理論に忠実な処理であったと理解されよう。

B　最高裁判所の判例変更

　しかし、最高裁判所は、平成15年10月7日、こ前述の高松高等裁判所の判例を変更した（最三小判平15・10・7刑集57巻9号1002頁。本件判決と略する）。

a）本件判決の事案

　本件判決が問題にする被告人の窃盗行為は、前訴及び後訴とも、単純窃盗罪に当たるとして、起訴されている。すなわち、被告人の後訴の訴因は、平成10年10月6日から平成11年8月8日ごろまでに行った共犯者との共謀ないし単独による自動車盗による車上盗1件、共犯者との共謀ないし単独による建造物侵入・窃盗18件の建造物侵入、窃盗（計22件）であって、被害総額は8000万円以上になっている。ところが、被告人については、本件の起訴に先立ち、平成12年4月14日、別件の建造物侵入、窃盗罪により、懲役1年2月の実刑に処せられており、同判決は同年9月20日に確定していた（前訴）。その確定判決の内容は、平成11年1月22日から4月16日までの間の共犯者との共謀による建造物侵入・窃盗3件及び単独による車上盗2

件（被害総額約272万円）であった。そのため、本件で起訴された犯行内容は、この前訴に対する裁判が確定する前に犯された余罪に当たる（刑法45条後段の併合罪）。これら前訴及び後訴に含まれる一連の各犯行は、平成10年10月6日ごろから平成11年8月8日ごろまでの約10か月間に行われたものであり、その内容は、いずれも盗犯等防止法2条1号ないし4号所定の常習特殊窃盗罪に当たると解される事案であった。

　このように、実体を観察すると、本来、一括して、常習特殊窃盗罪一罪を構成するとして処理するのが相当な一連の犯行であるのに、たまたまその一部が先に建造物侵入・窃盗の併合罪として起訴され、懲役1年2月の実刑に処されたために、その前に犯していた他の犯行が、前訴と同じ建造物侵入・窃盗の併合罪として別途起訴されたということになる。したがって、前訴・後訴とも窃盗罪であるという点で、先に紹介した高松高裁の判決の事案と同じ構造を示している事案であった。

b）第一審と控訴審の判決

　本件の弁護人は、第一審、控訴審をとおして、高松高裁の判例を引用して、後訴については免訴の判決がなされるべきであると主張していた。これに対し、一審は、①被告人は、いまだ若年であり、少年時から同様の行為を繰り返しているわけでもなく、その可塑性の豊かさの観点からも、窃盗常習者の認定をすることには躊躇される、②検察官の有する起訴裁量権を制限するものとしても疑問が残る、という理由で、弁護人の主張を排斥し、被告人を懲役2年に処した。これに対して控訴審は、「確定判決を経た窃盗事件と実体的には常習特殊窃盗罪の一罪を構成すると見られる窃盗事件が起訴された場合においては、確定判決を経た場合に当たるか否かという免訴事由の存否に係る公訴事実の同一性の有無は、確定判決に係る訴因（単純窃盗）と当該訴因（単純窃盗）を基礎として判断すべきであって、確定判決の一事不再理効は当該起訴には及ばない」として、訴因の拘束性を端的に認めて、控訴を棄却していた。

c）本件判決の理由

　本件判決は、まず、検察官の訴因設定権限に言及している。すなわち、「常習特殊窃盗罪は、異なる機会に犯された別個の各窃盗行為を常習性の発露という面に着目して一罪としてとらえた上、刑罰を加重する趣旨の罪であって、常習性の発露という面を除けば、その余の面においては、同罪を構成する各

窃盗行為相互間に本来的な結び付きはない。したがって、実体的には常習特殊窃盗罪を構成するとみられる窃盗行為についても、検察官は、立証の難易等諸般の事情を考慮し、常習性の発露という面を捨象した上、基本的な犯罪類型である単純窃盗罪として公訴を提起し得ることは、当然である。」という。

その上で、次に、検察官が設定した訴因に対する裁判所の判断の次元を問題にする。すなわち「実体的には常習特殊窃盗罪を構成するとみられる窃盗行為が単純窃盗罪として起訴され、確定判決があった後、確定判決前に犯された余罪の窃盗行為（実体的には確定判決を経由した窃盗行為と共に一つの常習特殊窃盗罪を構成するとみられるもの）が、前同様に単純窃盗罪として起訴された場合には、当該被告事件が確定判決を経たものとみるべきかどうかが、問題になる」として、「この問題は、確定判決を経由した事件（以下「前訴」という）の訴因及び確定判決後に起訴された確定判決前の行為に関する事件（以下「後訴」という）の訴因が共に単純窃盗罪である場合において、①両訴因間における公訴事実の単一性の有無を判断するに当たり、両訴因に記載された事実のみを基礎として、両者は併合罪関係にあって、一罪を構成しないから公訴事実の単一性はないとすべきか、それとも、②いずれの訴因の記載内容にもなっていない犯行の常習性という要素について、証拠により心証形成をし、両者は常習特殊窃盗として包括的一罪を構成するから公訴事実の単一性を肯定できるとして、前訴の確定判決の一事不再理効が後訴にも及ぶとすべきか、という問題であると考えられる」と状況を設定した上で、「訴因制度を採用した現行刑訴法の下においては、少なくとも第一次的には訴因が審判の対象であると解されること、犯罪の証明なしとする無罪の確定判決も一事不再理効を有することに加え、前記のような常習特殊窃盗罪の性質や一罪を構成する行為の一部起訴も適法になし得ることなどにかんがみると、前訴の訴因と後訴の訴因との間の公訴事実の単一性についての判断は、基本的には、前訴及び後訴の各訴因のみを基準としてこれらを比較対照することにより行うのが相当である。」とする。前訴及び後訴の訴因を実体的に包括する単一性の判断すなわち常習一罪に当たるかどうかという判断は、前訴及び後訴の各訴因のみを基準として、これらを比較対照することによって行うべきだというのである。そして、結論として、「前訴及び後訴の訴因が共に単純窃盗罪であって、両訴因を通じて常習性の発露という面は全く訴因として訴訟手続に上程されておらず、両訴因の相互関係を検討するにあたり、常習性

の発露という要素を考慮すべき契機は存在しないのであるから、ここに常習特殊窃盗罪による一罪という観点を持ち込むことは、相当でないというべきである。そうすると、別個の機会に犯された単純窃盗罪に係る両訴因が公訴事実の単一性を欠くことは明らかであるから、前訴の確定判決による一事不再理効は、後訴には及ばないものといわざるを得ない」とし、このような考え方は、各単純窃盗罪と科刑上一罪の関係にある各建造物侵入罪が合わせて起訴された場合についても、異なるものではない、として、高松高裁の判例を変更したのである。

[3] 問題の所在

本件判決に対しては、参考文献（後掲）に掲げたほかに多数の判例批評があって、多くの論点が詳細に取り上げられているが、ここで全部触れる余裕がないので、実務的な感想を簡単に述べるにとどめる。

A　刑事訴訟法の当事者主義的な構造を前提にすると、原告官である検察官に訴因設定権限を認めることが理屈に合うことになるし、訴訟手続の形式性、明白性という観点からの訴因論から考えても、第一次的には訴因の拘束力を認めるというのが自然の成行きであろう。そのために、検察官に対して、犯罪行為の一部を起訴する権限を認容することは、実務の一般的な運用になっている（最一小決昭59・1・27刑集38巻1号136頁）。また、訴訟の対象が公訴事実か、訴因かという刑事訴訟法制定当時以来の論点についても、訴因対象説が優位を占め、公訴事実という既念は、訴因を生み出す基本的な事実関係という実体を意味するものではなく、訴因の変更可能性を画する機能的な概念であるという考え方が一般的になってきている。このような考え方を推し進めると、本件の控訴審判決がいうように、「免訴事由の存否に係る公訴事実の同一性の有無は、確定判決に係る訴因（単純窃盗）と当該訴因（単純窃盗）を基礎として判断すべきであ」るという結論に結びつくのは容易に想定できる。高松高裁のように、裁判所が主導的に、検察官が構成した訴因の根底にある事実関係を捉えなおし、公訴事実を、訴因を包摂する基本的な事実関係という実体のある概念ととらえて、公訴事実の単一性を機能させる手法は、当事者主義的な訴訟構造とそれに基づく具体的な訴訟活動の中では裁判所主導型に過ぎるということになるのであろう。

しかし、検察官に訴追裁量権としての訴因設定権限を認めるにしても、検

察官が立証の難易などに関する配慮を含めて、裁量によって訴因を構成することを制限なく認めるとすれば、本来実体上一罪、科刑上一罪として、刑罰権を単一と定めた実体法の領域が、一部起訴によって分断され、刑罰権が複数になってしまう結果になり、実体法の立法の趣旨と抵触する運用を招くことになりかねない。一事不再理の範囲を検察官の裁量に委ねることは、刑事法に要請される明白性や法的安定性をむしろ阻害する結果を生む危険があるのである。本件の第一審判決も、判決書の終わりに「本件捜査の経緯等を検討すると、検察官は、確定裁判の相当以前から、被告人両名には多数の窃盗の余罪があることを察知していながら、余罪の捜査を進めることなく、捜査すべき事件を事実上放置していたことがうかがわれるのであって、本来は適正迅速な捜査を行って、同時審判を求めることにより、被告人らに不利益を蒙らせることを避けるべき責務があることが明らかであり、この点において、検察官側には厳しい反省が求められることを指摘せざるを得ない」と特に付記して検察官の裁量に不信を表明している。このような現象が一般的であるとは言いがたいにしても、一事不再理が憲法上の要請であるという点にてらして、訴因の記載を直接一事不再理の範囲に結びつけるという理解が、これまで、判例・学説一般の賛成を得られてこなかったのは、当然理由が無かったわけではないのである。

　B　本件判決は、検察官の訴因設定権限を認めた上で、前訴及び後訴に関する単一性の判断すなわち常習一罪に当たるかどうかという判断は、前訴及び後訴の各訴因のみを基準として、これらを比較対照することによって行うべきであると述べている。この説示は、裁判所の検討の範囲を、「前訴及び後訴の各訴因のみ」とし、各訴因の記載を形式的に比較検討することによって、公訴事実の単一性を判断すべきであるとしているように見える。その点で、従来批判されてきた、検察官の設定訴因＝公訴事実＝単一性の基準、とするという立場に立つという態度を明確にしたようにも考えられる。

　しかし、本件判決は、傍論としてではあるが、前訴の訴因が常習特殊窃盗罪又は常習累犯窃盗罪（常習窃盗罪）であって後訴の訴因が余罪の単純窃盗罪である場合や、逆に、前訴の訴因は単純窃盗罪であるが、後訴の訴因が余罪の常習窃盗罪である場合には、両訴因の単純窃盗罪と常習窃盗罪とは形式上は一罪を構成するものではないけれども、両訴因の記載の比較のみからでも、両訴因の単純窃盗罪と常習窃盗罪が実体的には常習窃盗罪の一罪ではな

いかと強く窺われるのであるから、訴因自体において一方の単純窃盗罪が他方の常習窃盗罪と実体的に一罪を構成するかどうかにつき検討すべき契機が存在する場合であるという。そして、そのような場合は、訴因で単純窃盗罪が適用されている行為が、実際には常習性の発露として行われたものでないかどうかについて付随的に心証形成をし、両訴因間の公訴事実の単一性の有無を判断すべきであると述べ、最二小判昭43・3・29刑集22巻3号153頁を引用し、維持しているのである。すなわち、あらゆる場合に、前訴・後訴の各訴因の罪名の違いを形式的に比較して公訴事実の単一性の有無を決定すべきであるとまで徹底しているわけではない。その理由は、常習窃盗罪と窃盗罪の各訴因は、訴因相互を比較観察しただけでも、本来、両訴因を併せて、加重された法定刑の常習窃盗罪によって1回で処罰されるべき筋合であり、両訴因が併合罪関係（刑法45条後段）扱いされになることによって、「常習窃盗」による処罰のほかに、「単純窃盗」による処罰が付け加わり、被告人にとって加重な結果をもたらす不都合が生ずるおそれがあるのではないかと感じさせる場合も稀とはいえないからである。このような場合には、形式的な比較だけではなく、実体に立ち入って公訴事実の単一性について審理を行うことが要求されるとするのがむしろ適切な訴訟指揮というべきであろう。

このように、前訴・後訴いずれかが常習窃盗罪である場合と、本件のように、前訴・後訴ともに単純窃盗罪である場合との取扱いを別にする理由の背景には、本件のように常習性の発露に至らない単純窃盗が複数行われた場合に、その発覚の時期等から複数回にわたる起訴がなされ、刑法45条後段の併合罪関係によって処理されることはままあることで、訴訟法上、そのような起訴は違法ではないし、むしろ、常習性の発露として行われた犯行が、たまたま単純窃盗→単純窃盗として訴因構成されたがゆえに、後訴が免訴となるというのは、より悪性の強い被告人を不当に利することになり、いかにも不合理である、という理解がある。

しかし、一事不再理の原則が、国民の基本的な権利であるという面から考えれば、悪性の強い被告人の不当な防御活動を防止するという面もさることながら、検察官の訴因設定権限によって、その保障が形骸化することがないような配慮もまた必要であるということに留意すべきであろう。常習窃盗罪の法定刑は、短期3年以上の有期懲役刑として、単純窃盗罪よりもはるかに刑を加重しているが、その範囲内で一回限りの裁判を受けるということは被

告人にとって利益でもある。単純窃盗罪の刑の上限は、常習窃盗罪の下限を超えるから、単純窃盗罪の併合罪でも、常習窃盗罪の下限を越える量刑がなされることは、理論的にも、実際上も、容易に想定できる。前訴の訴因が単純窃盗罪で回数が多く、宣告刑が常習窃盗罪の下限を超えた場合を想定すれば、改めて余罪について後訴を提起されて、再度刑罰を受ける危険に直面した被告人側が、常習窃盗罪として一事不再理を主張するとしても、直ちに正義にもとるとは言いがたいであろう。このように考えれば、前訴・後訴が単純窃盗→単純窃盗の図式の場合にも、裁判所の職責として、その内容に立ち入って確認する必要がある場合はなお残るというべきではないだろうか。

　そして、このような判断は、実務上、常に複雑・困難だというわけではない。実際の訴訟において、前訴・後訴各訴因相互を比較検討する局面を考えると、常習特殊窃盗罪の構成要件に該当するような犯罪行為の態様は、大体において犯行の手口に該当する部分であり、窃盗罪の訴因としての必要的な記載事項にあたるとはいえないから、訴因の記載には表れない場合が多い。犯行の日時・場所、被害者及び被害物品などを別表を用いて起訴するような運用すら行われている。判決書における罪となるべき事実の記載も同様である。したがって、訴因相互の比較の段階で直ちに常習性が判断できるとまでは言いがたいケースが通常であろう。しかし、いずれ冒頭陳述、証拠調べの段階に至れば、常習性は、犯行の態様・手口に関連して、否が応でも裁判所の目の前に現れてくるのである。そのような場合に、事案の実体が常習一罪に当たるのではないかという釈明を行い、真相を明らかにするということは、裁判所の当然の職責といえるのではないだろうか。高松高裁が、前記のように、前訴・後訴を通して常習一罪を認定したのは、後訴の34件の単純窃盗の訴因の観察から、常習性を読み取ったことによるものではないだろうか。このような裁判所の職責を、訴因の形式的な観察優先の原則と相対立するように位置づけてしまう分析は、刑事訴訟法1条に定めた刑事裁判の目的にそぐわないというべきではないだろうか。本件判決を、一つの事例判決と見て、常習犯の場合の公訴事実の単一性と一事不再理原則との適切な関係を検討する余地は残されているように思われる。

4 終わりに

　少年法における不処分決定と、刑事裁判における確定裁判の前後にまたがる併合罪の処理の領域をとおして、実務における一事不再理原則の扱われ方を取り上げてみた。日本国憲法における一事不再理原則が、検察官の事件取扱いの中でその適用の枠組みが定められていくような、この国の法文化の側面を感じ取ることになったように思う。今後とも、成り行きを見つめていきたい。

〈参考文献〉
・田宮裕『一事不再理の原則』（有斐閣、1978 年）。
・白取祐司『一事不再理の研究』（日本評論社、1986 年）。
・守屋克彦・斉藤豊治編『コンメンタール少年法』（現代人文社、2012 年）。
・武内謙治『少年司法における保護の構造』（日本評論社、2014 年）。
・宇藤崇「常習特殊窃盗と一事不再理の効力」ジュリスト平成 15 年重要判例解説 202 頁以下。
・多和田隆史・最判解平成 15 年度 456 頁以下。
・判例百選〔第 7 版〕99 事件〔筑間正泰執筆〕。
・同〔第 8 版〕99 事件〔長沼範良執筆〕。
・同〔第 9 版〕100 事件〔白取祐司執筆〕。

事項索引

〈あ〉
足利事件 …………………………… 127

〈い〉
一事不再理の効力 ………………… 182
一般的指定書 ……………………… 77
違法収集証拠排除法則 …………… 166
違法の承継論 ……………………… 174
違法排除説 ………………………… 111
今市事件 …………………………… 133

〈う〉
宇和島事件 ………………………… 125

〈き〉
偽計による自白 …………………… 115
供述調書 …………………………… 137
強制採尿 …………………………… 64
強制処分 ……………………… 11, 14, 16
業務日誌 …………………………… 145
虚偽排除説 ………………………… 110
居宅内への立ち入り ……………… 72
切り違い尋問 ……………………… 116

〈く〉
具体的指定書 ……………………… 77

〈け〉
刑訴法 326 条の同意 ……………… 158
検証調書 …………………………… 145

〈こ〉
公訴事実説 ………………………… 86
公訴事実の単一性 ………………… 191
公訴事実の同一性 …………… 83, 89
戸籍 ………………………………… 145
コントロールド・デリバリー ……… 21, 61

〈さ〉
採尿場所まで連行 ………………… 69
錯乱状態 …………………………… 68

〈さ(続)〉
狭山事件 …………………………… 49

〈し〉
自白の信用性 ……………………… 124
自白の任意性 ……………………… 109
自白法則 …………………………… 109
GPS 捜査 …………………………… i
GPS 捜査と排除法則 ……………… 179
縮小認定の理論 …………………… 98
常習一罪と一事不再理効 ………… 186
少年法における一事不再理 ……… 183
人権擁護説 ………………………… 111
審判対象論 …………………… 86, 100

〈せ〉
精密司法論 ………………………… 5
接見交通 …………………………… 74
接見指定 …………………………… 76

〈そ〉
訴因説 ……………………………… 87
訴因対象説 ………………………… 192
訴因と公訴事実 …………………… 82
訴因の拘束力 ……………………… 192
訴因の特定 ………………………… 96
訴因変更の可否 …………………… 98
訴因変更の要否 ………………… 94, 97
捜索差押許可状 …………………… 55
捜索令状の対象と時間的範囲 …… 57

〈た〉
第三者に対する捜索 ……………… 60
高輪グリーンマンション事件 …… 33

〈ち〉
調布駅南口事件 …………………… 183

〈て〉
電子メール ………………………… 154
伝聞証拠 …………………… 134, 156
電話傍受 …………………………… 40

197

〈と〉

毒樹の果実論……………………… 176
取調べ過程の可視化…………… 132, 133
取調経過一覧表………………… 118
取調べ受忍義務………………… 29, 30, 51
取調べの可視化………………… 37, 119

〈に〉

任意捜査の限界………………… 22

〈は〉

犯行計画メモ…………………… 146

〈ひ〉

被疑者取調べ…………………… 27
必要な令状……………………… 65
秘密録音………………………… 42

〈へ〉

別件逮捕・勾留………………… 49

〈め〉

面会切符制……………………… 77

〈も〉

目的程度基準…………………… 15

〈や〉

約束による自白………………… 112

〈よ〉

米子強盗事件…………………… 21

〈る〉

類型的基準……………………… 15

判例索引

最高裁判所判例

最大判昭23・7・19 刑集2-8-944 ……… 120
最三小判昭24・12・13 集刑15-349 …… 166
最大判昭25・9・27 刑集4-9-1805 ……… 183
最三小判昭25・11・21 刑集4-11-2359… 121
最二小判昭26・6・15 刑集5-7-1277 …… 98
最大判昭26・8・1 刑集5-9-1684 ……… 121
最大判昭27・5・14 刑集6-5-769 ……… 121
最二小判昭28・7・10 刑集7-7-1474 …… 121
最二小決昭28・11・20 刑集7-11-2275 …98
最大判昭36・6・7 刑集15-6-915 ……… 162
最一小判昭38・9・12 刑集17-7-661 ……4
最大判昭40・4・28 刑集19-3-240 ……… 185
最二小判昭41・7・1 刑集20-6-537 …… 112
最大判昭45・11・25 刑集24-12-1670
　　　　　　　　　　　　………… 110, 116
最三小決昭51・3・16 刑集30-2-187
　　　　　　　　　　　　…… 11, 34, 40, 45
最二小決昭52・8・9 刑集31-5-821 …… 49
最三小判昭53・6・20 刑集32-4-670 …… 21
最一小判昭53・7・10 民集32-5-820 …… 75
最一小判昭53・9・7 刑集32-6-1672
　　　　　　　　　　　　………… 162, 166
最一小決昭55・10・23 刑集34-5-300 …… 65
最三小判昭56・11・20 刑集35-8-797
　　　　　　　　　　　　………… 43, 45
最三小判昭58・7・12 刑集37-6-791 …… 176
最一小決昭59・1・27 刑集38-1-136 …… 192
最二小決昭59・2・29 刑集43-7-581 …… 33
最二小判昭61・4・25 刑集40-3-215 …… 171
最二小決平元・1・23 判時1301-155 …… 121
最三小決平3・3・29 刑集45-3-158 …… 185
最三小判平3・5・10 民集45-5-919 …… 78
最二小判平3・5・31 集民163-47 ……… 77
最二小判平3・7・16 刑集45-6-201 …… 68
最一小決平6・9・8 刑集48-6-263 ……… 59
最一小判平6・9・16 刑集48-6-420
　　　　　　　　　　　　…… 24, 70, 172
最大判平11・3・24 民集53-3-514
　　　　　　　　　　　　…… 35, 52, 78
最三小決平11・12・16 刑集53-9-1327 …42
最三小判平12・6・13 民集54-5-1635 …… 79
最二小決平12・7・12 刑集54-6-513 …… 45
最三小決平13・4・11 刑集55-3-127
　　　　　　　　　　　　………… 101, 106
最二小判平15・2・14 刑集57-2-121 …… 167
最三小判平15・10・7 刑集57-9-1002 …… 189
最一小決平19・2・8 刑集61-1-1 ……… 59
最二小判平20・4・15 刑集62-5-1398 …… 19
最三小決平21・9・28 刑集63-7-868
　　　　　　　　　　　　………… 12, 169
最二小決平24・2・29 刑集66-4-589 …… 101
最三小決平25・2・26 刑集67-2-143 …… 154
最大判平29・3・15 刑集71-3-13 … i, 22, 179

高等裁判所裁判例

東京高判昭27・3・4 判時2286-138 …… 174
福岡高判昭29・3・10 高刑判特26-71 …… 113
大阪高判昭40・11・8 下刑集7-11-1947
　　　　　　　　　　　　………… 122
大阪高判昭42・5・19 判時503-81 ……… 116
東京高判昭54・8・14 刑月11-7・8-787 …33
大阪高判昭57・3・16 判タ467-172 …… 146
東京高判昭58・1・27 判タ496-163 …… 147
東京高判平6・5・11 判タ861-299 ……… 58
広島高判平13・7・19 高刑速平成13-1-195
　　　　　　　　　　　　………… 97
東京高判平14・9・4 判時1808-144 …… 122
東京高判平20・3・27
　　東高刑時報59-1～12-22 ……… 149
東京高判平21・7・1 判タ1314-302 … 25, 174
東京高判平22・11・8 判タ1374-248
　　　　　　　　　　　　………… 24, 174
福岡高判平23・4・13 刑集66-4-631 …… 105
東京高判平25・7・23 判時2201-141 …… 178
名古屋高判平28・6・29 判時2307-129… 180
東京高判平28・8・23 判タ1441-77 …… 181
東京高判平30・1・12 LEX/DB25549824
　　　　　　　　　　　　………… 180
東京高判平30・3・22 裁判所ウェブサイト
　　　　　　　　　　　　………… 180

地方裁判所裁判例

岡山地判昭 37・12・20 刑集 20-6-544 …… 112
神戸地決昭 43・7・9 下刑 10-7-801 ………33
大阪地判昭 44・5・1 判タ 240-291 ……… 121
京都地決昭 47・4・11 刑月 4-4-910 ………33
東京地決昭 55・8・13 判時 972-136 ………33
東京地判昭 62・12・16 判時 1275-35 …… 115
東京地判平 2・7・26 判時 1358-151 ………46
浦和地判平 3・3・25 判タ 760-261 ……… 121
千葉地判平 3・3・29 判時 1384-141 ………46
青森地判平 7・11・30 刑集 55-3-168 …… 103
松山地宇和島支判平 12・5・26
　判時 1731-153 ………………………… 125
宇都宮地判平 22・3・26 判時 2084-157
　……………………………………………… 127
長崎地判平 22・6・15 刑集 66-4-608 …… 105
東京地判平 29・5・30 裁判所ウェブサイト
　……………………………………………… 180
奈良地葛城支判平 29・6・19 裁判所ウェブサイト ……………………………………… 180

執筆者一覧 （掲載順）

守屋克彦（もりや・かつひこ）	弁護士
青沼　潔（あおぬま・きよし）	横浜地方裁判所部総括判事
青木孝之（あおき・たかゆき）	一橋大学教授
栗原　保（くりはら・たもつ）	名古屋高等裁判所金沢支部判事
有賀貞博（ありが・さだひろ）	大分地方裁判所部総括判事
虎井寧夫（とらい・やすお）	弁護士
行方美和（なめかた・みわ）	千葉地方裁判所木更津支部判事
安原　浩（やすはら・ひろし）	弁護士
國井恒志（くにい・こうし）	前橋地方裁判所部総括判事
村山浩昭（むらやま・ひろあき）	大阪高等裁判所部総括判事
石塚章夫（いしづか・あきお）	弁護士
秋山　敬（あきやま・ひろし）	仙台高等裁判所部総括判事
梶川匡志（かじかわ・まさし）	札幌地方・家庭裁判所小樽支部長
半田靖史（はんだ・やすし）	高知地方・家庭裁判所判事（所長）

※著者の肩書きは、2018年11月1日現在のものです。

《編著者》
守屋　克彦　弁護士
もりや　かつひこ

●——略歴
1953年　宮城県塩竈高等学校卒業、東北大学法学部入学
1956年　司法試験第二次試験合格
1958年　東北大学法学部卒業、司法修習生（第13期修了）
1961年　宇都宮地家裁判事補
1964年　東京地家裁判事補
1967年　札幌地家裁室蘭支部判事補
1970年　東京家裁判事補
1971年　東京家裁判事
1973年　仙台家裁判事
以後、仙台高裁、青森地家裁、仙台地家裁石巻支部、盛岡地家裁、仙台家裁勤務を経て、
1996年　仙台高裁秋田支部長
1999年　定年退官、弁護士登録（仙台弁護士会）
2000年　東京経済大学現代法学部教授
2004年　東北学院大学大学院法務研究科教授
2011年　同大学契約期間終了退職
2013年　特定非営利活動法人「刑事司法及び少年司法に関する教育・学術研究センター（ERCJ）」理事長

刑事訴訟法における学説と実務　初学者のために
けいじ　そしょうほう　　　　　がくせつ　じつむ　　しょがくしゃ

2018年11月20日　第1版第1刷発行

編著者——守屋克彦
発行者——串崎　浩
発行所——株式会社　日本評論社
　　　　　〒170-8474 東京都豊島区南大塚3-12-4
　　　　　電話 03-3987-8621（販売：FAX-8590）
　　　　　　　 03-3987-8592（編集）
　　　　　https://www.nippyo.co.jp/　振替 00100-3-16
印刷所——株式会社平文社
製本所——牧製本印刷株式会社
装　丁——図工ファイブ

JCOPY〈(社)出版者著作権管理機構　委託出版物〉
本書の無断複写は著作権法上での例外を除き禁じられています。複写される場合は、そのつど事前に、(社)出版者著作権管理機構（電話 03-3513-6969、FAX03-3513-6979、e-mail: info@jcopy.or.jp）の許諾を得てください。また、本書を代行業者等の第三者に依頼してスキャニング等の行為によりデジタル化することは、個人の家庭内の利用であっても、一切認められておりません。

検印省略　©2018　Katsuhiko Moriya　　　　　　　　　　　　　　Printed in Japan
ISBN978-4-535-52271-8

日本評論社の法律学習基本図書

※表示価格は本体価格です。別途消費税がかかります

日評ベーシック・シリーズ

憲法Ⅰ 総論・統治　憲法Ⅱ 人権
新井 誠・曽我部真裕・佐々木くみ・横大道 聡[著]
●各1,900円

行政法
下山憲治・友岡史仁・筑紫圭一[著]
●1,800円

民法総則 ※補訂版 11月刊行予定
原田昌和・寺川 永・吉永一行[著]
●1,800円

物権法 ※第2版 12月刊行予定
秋山靖浩・伊藤栄寿・大場浩之・水津太郎[著]
●1,700円

担保物権法
田髙寛貴・白石 大・鳥山泰志[著]
●1,700円

債権総論 ※10月刊行予定
石田 剛・荻野奈緒・齋藤由起[著]
●予価1,900円

家族法
本山 敦・青竹美佳・羽生香織・水野貴浩[著]
●1,800円

民事訴訟法
渡部美由紀・鶴田 滋・岡庭幹司[著]
●1,900円

労働法
和田 肇・相澤美智子・緒方桂子・山川和義[著]
●1,900円

日本の法
緒方桂子・豊島明子・長谷河亜希子[編]
●1,800円

リーガル・リサーチ[第5版]
指宿 信・齊藤正彰[監修]
いしかわまりこ・藤井康子・村井のり子[著]
●1,800円

基本憲法Ⅰ 基本的人権
木下智史・伊藤 建[著]
●3,000円

基本行政法[第3版]
中原茂樹[著]
●3,400円

基本刑法Ⅰ 総論[第2版] ●3,800円
基本刑法Ⅱ 各論[第2版] ●3,900円
大塚裕史・十河太朗・塩谷 毅・豊田兼彦[著]

憲法Ⅰ――基本権
渡辺康行・宍戸常寿・松本和彦・工藤達朗[著]
●3,200円

民法学入門[第2版]増補版
河上正二[著]
●3,000円

スタートライン民法総論[第3版]
池田真朗[著]
●2,200円

スタートライン債権法[第6版]
池田真朗[著]
●2,400円

■法セミ LAW CLASS シリーズ

基本事例で考える民法演習
基本事例で考える民法演習2
池田清治[著]
●各1,900円

ケーススタディ刑法[第4版]
井田 良・丸山雅夫[著]
●3,100円

■法セミ LAW CLASS シリーズ

行政法 事案解析の作法[第2版]
大貫裕之・土田伸也[著]
●2,800円

新法令用語の常識
吉田利宏[著]
●1,200円

〈新・判例ハンドブック〉
●物権法：1,300円
ほか：各1,400円

憲法[第2版] 高橋和之[編]
債権法Ⅰ・Ⅱ
●Ⅰ：1,400円
●Ⅱ：1,500円
潮見佳男・山野目章夫・山本敬三・窪田充見[編著]

民法総則 河上正二・中舎寛樹[編著]

物権法 松岡久和・山野目章夫[編著]

親族・相続 二宮周平・潮見佳男[編著]

刑法総論／各論
●総論1,600円
●各論1,500円
高橋則夫・十河太朗[編]

商法総則・商行為法・手形法
鳥山恭一・髙田晴仁[編著]

会社法 鳥山恭一・髙田晴仁[編著]

日本評論社
https://www.nippyo.co.jp/